# CÓMO TOCAR LA KALIMBA

Una guía para principiantes para aprender la base, leer música y tocar canciones con grabaciones de audio

# Índice

A lo largo de este libro hay ejemplos musicales y grabaciones de audio que puedes consultar en tu viaje para aprender a tocar la kalimba.

Cuando veas el siguiente recuadro:

**Audio de ejemplo #1:** Escala de do mayor

Sigue las grabaciones en el enlace de SoundCloud a continuación o busca en SoundCloud "Hoy to Play the Kalimba" ("Cómo tocar la kalimba").

https://soundcloud.com/jason_randall/sets/how-to-play-the-kalimba

# Capítulo 1
# Introducción y visión general

¡Felicitaciones por dar el primer paso en tu viaje con la kalimba! Siempre puede ser difícil tomar la decisión de empezar algo nuevo, pero la kalimba es un instrumento maravilloso. Cualquiera puede dominarla, incluso alguien sin experiencia musical previa. La kalimba tiene un sonido hermoso y relajante que te brindará paz, alegría y consuelo.

Esta guía describirá todo lo que necesitas en tu camino hacia el dominio de la kalimba. Pronto te sorprenderá lo mucho que has crecido en tus habilidades creativas.

## ¿Qué es la kalimba?

La kalimba (en algunos países se escribe calimba) es un instrumento que destaca por su accesibilidad, tanto en precio como en niveles de dificultad. Consta de una tapa armónica de madera y teclas metálicas que, con una suave presión y el uso de diferentes técnicas dactilares, crearán sonidos sorprendentes.

En la historia de la música moderna, la kalimba es particularmente conocida por aparecer en canciones como "Avatar's Love" de *Avatar: The Last Airbender*, así como en varios temas del popular videojuego *Minecraft*.

La kalimba ha aparecido en una amplia variedad de música y, con su maravilloso sonido, complementa especialmente las canciones de cuna suaves y apacibles.

Como instrumento, la kalimba tiene una historia compleja. En la década de 1950, el etnomusicólogo inglés Hugh Tracey creó una nueva interpretación de la mbira, llamándola kalimba.

Es importante señalar, sin embargo, que la kalimba no existiría sin su conexión con la mbira; la kalimba existe hoy como instrumento debido a la cultura de la que se deriva.

Las **mbiras** son toda una familia de instrumentos tradicionales del pueblo shona de Zimbabue.

El diseño de la kalimba moderna se inspiró en un instrumento conocido específicamente como **Mbira Nyunga Nyunga**.

El nombre kalimba proviene de un precursor de la mbira.

Básicamente, la kalimba, que se vende con mayor frecuencia en la actualidad es una versión occidentalizada de la familia musical mbira. Y si bien la versión de Hugh Tracy es hermosa, si quieres escuchar música no occidental absolutamente maravillosa, debes asegurarte de escuchar música de Zimbabue. A menudo, los países tienen su propio sonido musical único vinculado a su cultura. El hecho de que haya tantas interpretaciones únicas de un concepto central singular de la música y generar emoción con esa música es hermoso.

A menudo se hace referencia a las kalimbas con el nombre más coloquial de pianos de pulgar, un subconjunto más grande de instrumentos de la familia de **lamelófonos**. Cualquier instrumento de esta familia de clasificación es conocido por producir su sonido mediante el uso de una técnica de punteo o golpe.

Cuando se utiliza el término piano de pulgar, es una frase general para clasificar instrumentos como la kalimba o la mbira.

Algunas de las mayores diferencias entre la kalimba y la mbira se encuentran en la forma en que están afinadas. La música africana suele utilizar cientos de afinaciones diferentes. Sin embargo, en la música occidental, es común limitarse a la escala mayor o menor de la pieza que estás tocando.

Entonces, si bien las mbiras pueden tener toneladas de formas y estilos diferentes en los que se pueden afinar para diferentes piezas musicales, las kalimbas (y la música de kalimba) tienden a permanecer diatónicas, lo que significa que probablemente no variará de la tonalidad en la que estás tocando.

Para tener una idea realmente buena de la kalimba, puede resultar útil ver el tipo de sonido en el que se inspiró. Esto puede agregar otro nivel de inspiración a tu interpretación de la kalimba y al sonido definitivo.

La kalimba, en su forma más básica, se compone de dos partes: un cuerpo y un conjunto de lengüetas de metal (teclas), que se pulsan para producir sonido.

El **cuerpo** de una kalimba suele estar hecho de madera; sin embargo, también puede estar hecho de otros materiales, como el acrílico. Realmente depende de la elección de materiales del fabricante y de las preferencias individuales de quien toca la kalimba hacia la madera o el acrílico.

Las **lengüetas** son una fila de teclas metálicas que forman la parte frontal de la kalimba. Cuando se pulsan, producen un sonido claro y resonante, que es el ruido esperado de la kalimba. Estas lengüetas se pueden afinar y ajustar con un martillo de afinación, pero lo más común es que se afinen en la tonalidad de Do mayor. La mayoría de las kalimbas nuevas vendrán afinadas en la tonalidad de Do mayor.

Junto con las lengüetas y el cuerpo, la kalimba tiene varias otras partes, como un conjunto de **bocas** (aberturas acústicas) y un **puente**. A medida que avances en la interpretación de la kalimba, ¡podrás aprender a manipular estas partes de tu instrumento para producir un sonido diferente!

La kalimba, explicado de forma más simple, se toca cuando los dedos presionan suavemente las teclas o lengüetas de metal. Pones suficiente presión en tu pulso para producir un sonido.

Es posible que al principio te lleve algo de tiempo acostumbrarte, pero en poco tiempo se convierte en memoria muscular.

La kalimba la sostienes con ambas manos. La mayoría de las kalimbas tendrán una hendidura natural en su cuerpo para que puedas sostenerlas cómodamente. Al sostener tu kalimba a los lados, podrás tocar dos notas al mismo tiempo con los pulgares. Esto significa que podrás tocar combinaciones de acordes y armonías divertidas y hermosas con múltiples partes instrumentales. ¡Esa es parte de la razón por la que se le llama piano de pulgar!

Al tocar la kalimba, asegúrate de que tus dedos no cubran las aberturas acústicas (bocas) posteriores, ya que esto podría cambiar la calidad del sonido. Además, si tu kalimba toca cualquier otra cosa (como un escritorio, mesa u otro material) mientras la tocas, puedes notar que la calidad del sonido de tu instrumento cambia o se amortigua. Te recomendaría que no dejes que tu kalimba toque otros objetos mientras la tocas para obtener un sonido resonante realmente hermoso del instrumento.

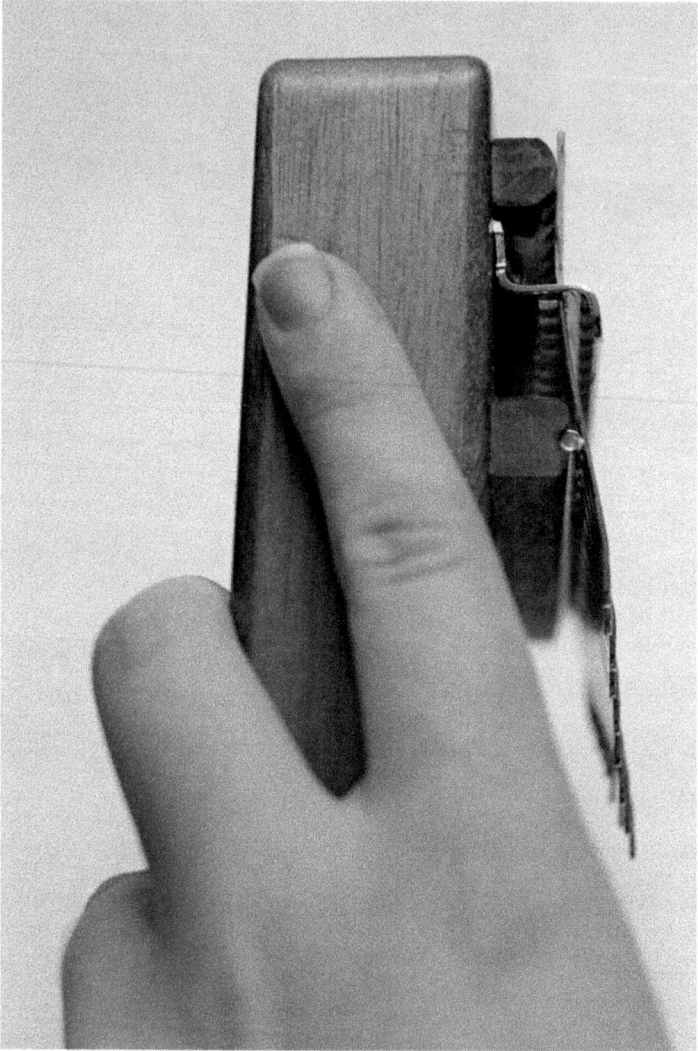

Muchas kalimbas de hoy en día tienen 17 lengüetas. Esto significa que tendrás acceso a dos octavas completas de notas y algunas notas en una tercera octava.

La kalimba original diseñada por Hugh Tracey tenía 15 lengüetas. Sin embargo, algunas otras pueden tener solo 10, otras incluso llegan a 19. Realmente depende del instrumento individual, del fabricante y de sus objetivos personales con el instrumento. Si esperas tocar canciones más complejas, tener más lengüetas significa que podrás tocar una gama más amplia de música con octavas más diversas. Sin embargo, normalmente 17 lengüetas es todo lo que necesitarás como principiante. Si tienes menos, es posible que tengas que adaptar tu música en ocasiones para que se ajuste al número de octavas que tienes disponibles a tu alcance.

La mbira está elaborada con una variedad de maderas locales. La kiaat africana, también conocida como mukwa, era una madera común para fabricar estos pianos de pulgar. Algunas kalimbas hechas a mano pueden estar hechas del mismo material.

Cuando no se utiliza madera de kiaat africana, se pueden emplear maderas duras similares. La mayoría de las kalimbas producidas en masa probablemente estarán hechas de materiales como caoba, coco, sándalo, bambú, calabaza o abeto.

La parte más importante de la estructura de tu kalimba no es la madera de la que está hecha, sino la calidad de la clavija y la afinación. Esto, al final, es lo que tendrá un mayor impacto en su sonido.

Al ejercer presión sobre las lengüetas, las ondas sonoras resonarán a través del cuerpo de madera y la tapa armónica de la kalimba. ¡Esto creará el gran sonido de tu piano de pulgar!

A medida que trabajes para dominar la kalimba, gradualmente mejorarás cada vez más en la producción de un buen sonido. A medida que continúes aprendiendo y practicando, te prepararás para tener éxito en este instrumento.

# Capítulo 2
# Seleccionar y comprar el instrumento correcto

## Diferentes tipos y características de las kalimbas

Como se mencionó anteriormente, existen muchos tipos diferentes de kalimbas. ¡Algunas tienen 12 lengüetas mientras que otros tienen hasta 19! Además, a veces las kalimbas pueden estar hechas de diferentes tipos de madera, tener diferentes tamaños o estas compuestas de varios materiales. Debido a esto, puede resultar difícil saber exactamente qué marca o modelo deseas.

Al comprar tu kalimba, tus intenciones al tocarla son realmente importantes en cuanto a qué modelo debes comprar.

Debes establecer un presupuesto en función de si planeas tocarla de forma recreativa o profesional. Los instrumentos hechos a mano de mayor calidad serán más caros, pero también tendrán un sonido de mayor calidad.

A medida que los principiantes avanzan en la curva de aprendizaje de cómo tocar la kalimba, no hay nada de malo en optar por la ruta más barata y comprar un instrumento producido en masa. Siempre que emita un sonido que te guste, especialmente mientras aprendes, hará maravillas por ti.

Si puedes permitírtelo, probablemente encontrarás muchos beneficios en una kalimba hecha a mano. Estas pueden ser más caras, pero apoyar a artistas y fabricantes individuales de instrumentos puede tener un impacto positivo y al mismo tiempo brindarte acceso a un mejor instrumento desde el comienzo de tu aprendizaje.

Si buscas instrumentos fabricados con materiales específicos, debes asegurarte de investigar el modelo que estás buscando. Sin embargo, es importante tener en cuenta que el material del cuerpo y la tapa armónica, especialmente para un intérprete principiante, no es la parte más importante de la kalimba.

Cuando estés pensando en adquirir una kalimba, debes asegurarte de que el instrumento tenga buenas críticas. Si no puedes encontrar a nadie hablando sobre el instrumento y la marca en ningún lugar de Internet, deberías reconsiderarlo y probar con otra kalimba. Como principiante, para tener las mejores posibilidades de éxito, debes adquirir un instrumento con buenas reseñas y cuyo aspecto y tacto te gusten.

Muchas tiendas en línea hacen que sea muy fácil comprar kalimbas por Internet. Esto hace que el pasatiempo de tocar música sea mucho más accesible para personas de todo el mundo y permitirá que cada vez más personas aprendan a tocar instrumentos como la kalimba en el futuro.

Si no tienes mucha experiencia musical o tocando la kalimba, personalmente te recomendaría que, para tu primer instrumento, elijas una kalimba de madera de alta calidad con 17 lengüetas. Estos son los modelos más estándar y garantizarán que sea más fácil para ti familiarizarte con el instrumento. Aprender con este modelo significa que la mayor parte de las partituras que encuentres para la kalimba estarán escritas teniendo este tipo de instrumento en mente.

Además, hay algo realmente maravilloso en la sensación táctil de la tapa armónica de madera bajo tus manos mientras tocas. En mi experiencia, hace que el instrumento sea muy agradable.

## ¿Kalimba Celeste, Treble o Alto?

Junto con la cantidad de lengüetas, el tipo de madera y otras características variables de la kalimba, también hay kalimbas Celeste, Treble y Alto. Estos pianos de pulgar reciben nombres diferentes específicamente debido a las octavas a las que están afinados. Las kalimbas alto se afinan, en general, una octava por debajo de la kalimba Treble, mientras que la kalimba Celeste se afina una octava por encima de la kalimba Treble.

Estas tres kalimbas diferentes tienen sus propios beneficios, calidad de sonido y facilidad de ejecución únicos.

Las kalimbas más comunes que se pueden comprar son las Treble (que en español se pudiera traducir como "agudo"). Dado que se tocan en el rango más estándar para la mayoría de la música y la interpretación, las 17 lengüetas que se encuentran en una kalimba Treble estarán dentro de los rangos medios de la mayoría de la música que existe.

La **kalimba Treble** parece ser un buen puente entre los modelos Celeste y Alto. Sin embargo, todavía existen beneficios al usar las otras dos variedades de pianos de pulgar que podrían ser útiles para diferentes tipos de personas.

Por ejemplo, se sabe que la **kalimba Celeste** es más delgada y más pequeña. Si eres alguien que tiene manos más pequeñas, entonces este piano de pulgar te resultará mucho más fácil de sostener y tocar. Este es uno de los mayores beneficios para un intérprete principiante. Sin embargo, si eres alguien que espera tocar la kalimba en un entorno profesional y tal vez necesites el instrumento para grabaciones, se sabe que la kalimba Celeste tiene una calidad de sonido ligeramente diferente a la de la kalimba Treble. Suena un poco más suave, lo que la hace ideal para grabaciones y agrega un sonido muy hermoso a cualquier pieza si se usa correctamente. Algunas personas afirman que las kalimbas Celeste pueden sonar más como una caja de música, mientras que otras dicen que suenan más etéreas.

Diferente de la kalimba Celeste en muchos sentidos, la **kalimba Alto** es más gruesa (lo que facilita su uso para personas con manos más grandes) y tiene menos lengüetas, pero más anchas. A menudo, estas teclas producirán un sonido más profundo, más suave y frío. Esto se debe a la octava en la que toca la kalimba Alto, lo que la hace muy tranquila y suave para cualquier oído.

Cada modelo tiene ventajas y desventajas, por lo que, en última instancia, elegir una versión específica del piano de pulgar se reducirá a una elección individual.

Sin embargo, los principiantes no tienen razón para preocuparse por comprar una kalimba Celeste o Alto, a menos que esa sea personalmente la calidad de sonido que están buscando. El uso de estas kalimbas para mejorar la calidad de grabación y/o para personas con manos más pequeñas o más grandes parece ser la mayor variedad de beneficios de poseer varias kalimbas, especialmente en esta etapa de aprendizaje.

Pero, incluso si no vas a utilizar un kalimba Celeste o Alto, es importante que conozcas todas las piezas y modelos de kalimbas que existen, en caso de que alguna vez estés buscando una actualización o quieras probar algo diferente. Al conocer todo sobre los otros modelos, podrás tomar una decisión informada sobre qué tipo de kalimba te gustaría tocar.

# Capítulo 3
## Conocer tu instrumento

### Partes de la kalimba

Las kalimbas tienen diferentes partes que producen su sonido resonante. Las partes generales de cada piano de pulgar seguirán siendo similares, incluso si tienes diferentes modelos, tipos o tamaños.

A diferencia de muchos otros instrumentos, no es necesario montar ni desmontar la kalimba para cada uso. No implica el uso de lengüetas como muchos otros instrumentos, como el clarinete o el saxofón. ¡Esto hace que sea mucho más fácil para los principiantes decidirse a tocar la kalimba!

La kalimba está compuesta de pocas piezas, ¡pero cada una de ellas es esencial para tocarla!

La parte más notable de la kalimba es su **cuerpo**. Como se mencionó, tiende a estar hecho de madera, pero puede ser acrílico u otros materiales. La **caja armónica** y/o el cuerpo albergan todas las partes de kalimba. Dependiendo de tu modelo de kalimba, puede haber agujeros en la tapa armónica. En la mayoría de las kalimbas Treble, encontrarás un agujero en el medio del cuerpo y dos más en la parte posterior. Estos agujeros, o aberturas, ayudan a crear el sonido resonante que se produce cuando tocas.

Las **lengüetas** metálicas de tu kalimba son la parte más importante de la calidad del sonido y de tu interpretación. Entonces, para asegurarte de que tu interpretación de la kalimba sea buena, debes tener cuidado con esta parte de tu instrumento. El cuidado de las lengüetas de tu kalimba es fundamental y, definitivamente, no querrás dañar estas delicadas partes de tu piano de pulgar.

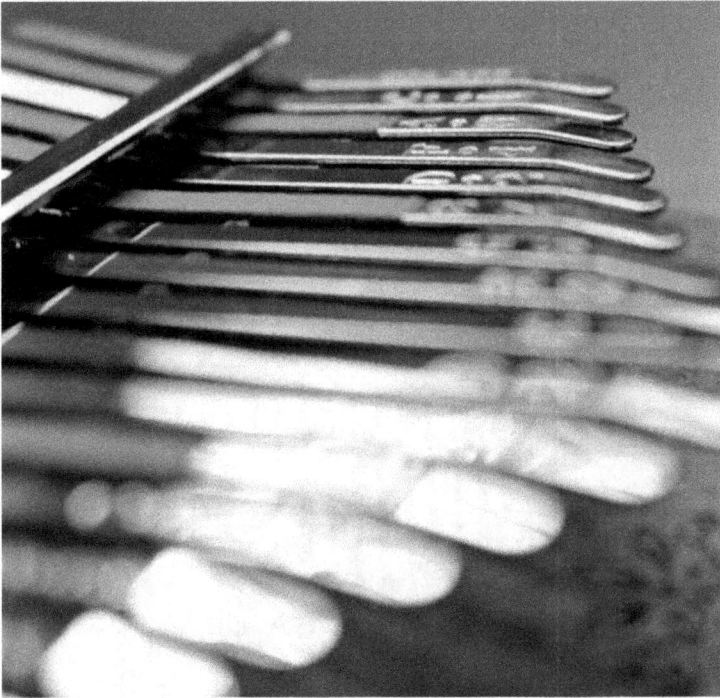

Tu kalimba hace ruido cuando presionas las lengüetas. Debajo de las lengüetas o teclas hay varias partes diferentes. El **tope** es un cilindro de madera que se encuentra en la parte superior de las teclas. Aquí las lengüetas se apoyarán contra la madera.

Debajo está el **soporte en Z** o **barra vibratoria**. Esto es parte de lo que ayuda a la kalimba a emitir sonido. Si bien cada parte es esencial para la calidad del sonido de tu kalimba, la barra vibratoria, en particular, ayuda a crear el sonido resonante más asociado con el piano de pulgar.

Un poco más abajo en el instrumento, encontrarás el **puente** o la **selleta**. Ambos nombres se pueden usar para describir esta parte del instrumento, por lo que es importante tenerlo en cuenta si lees otras guías de kalimba, que pueden usar descripciones diferentes para esta parte.

El puente ayuda a elevar las lengüetas de la kalimba. Está formado por otra pieza de madera con un cilindro metálico en contacto con las teclas.

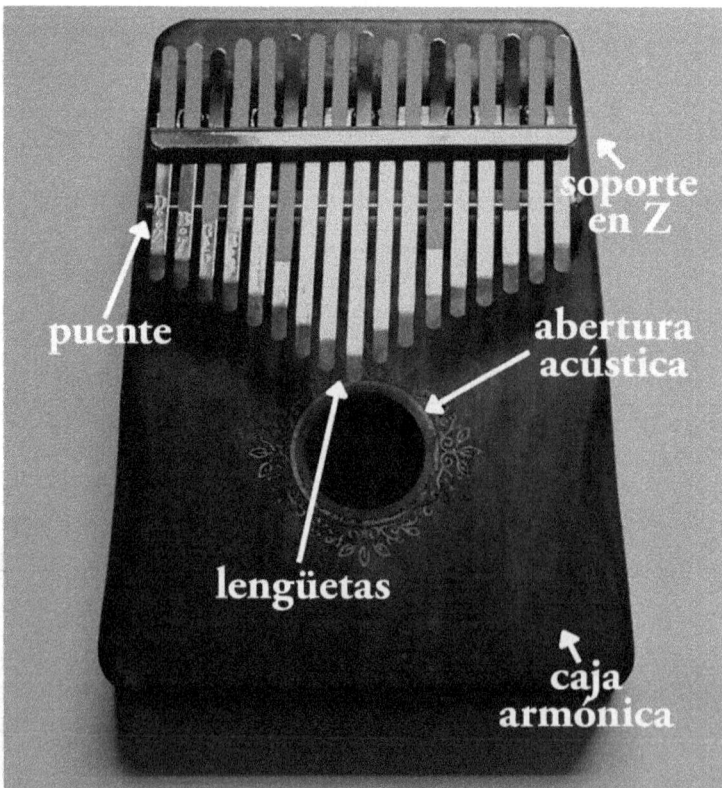

El instrumento se sujeta principalmente mediante tornillos metálicos y cola para madera.

## Cuidado de la kalimba

Si bien no describiría la kalimba como un instrumento intrínsecamente delicado, es importante tener en cuenta que ciertamente no es resistente. Dejarlo caer o sostenerlo con demasiada presión podría ser perjudicial para la calidad a largo plazo de tu instrumento. Para asegurarte de que siempre funcione bien, debes tener cuidado de guardar tu kalimba en un lugar que esté a salvo de otras perturbaciones.

Dejar que una mascota, un niño pequeño o un hermano tome tu kalimba podría ser muy perjudicial para tu instrumento, especialmente si lo manipulan incorrectamente. Si bien una kalimba para principiantes no suele ser la más cara (en lo que respecta a instrumentos musicales), aun así debes asegurarte de poder cuidar el piano de pulgar y respetar su calidad y belleza a largo plazo.

Dado que la kalimba suele estar hecha de madera, dejar el instrumento al aire libre permite que las fluctuaciones de humedad y temperatura afecten potencialmente la calidad de la caja armónica. Si mantienes tu kalimba en el estuche en el que lo compraste o usas un estuche de tamaño similar para proteger tu instrumento, probablemente no tendrás que preocuparte de que tu piano de pulgar sufra algún daño. ¡Cuidar tu instrumento, incluso cuando no lo estás tocando, es una de las cosas más importantes que puede hacer un músico!

Cada vez que termino de tocar la kalimba, me gusta limpiar las lengüetas de metal con un **paño de microfibra** para eliminar todas mis huellas dactilares. Esto es puramente cosmético, pero es algo que mantendrá tu piano de pulgar con un aspecto agradable. Ciertamente es una preferencia personal, pero encuentro que tener un instrumento limpio me ayuda a tener una mentalidad increíble para tocar la próxima vez que tome mi kalimba. Siempre estoy listo para relajarme y tocar algo de música, sin estresarme por ningún desorden en las teclas.

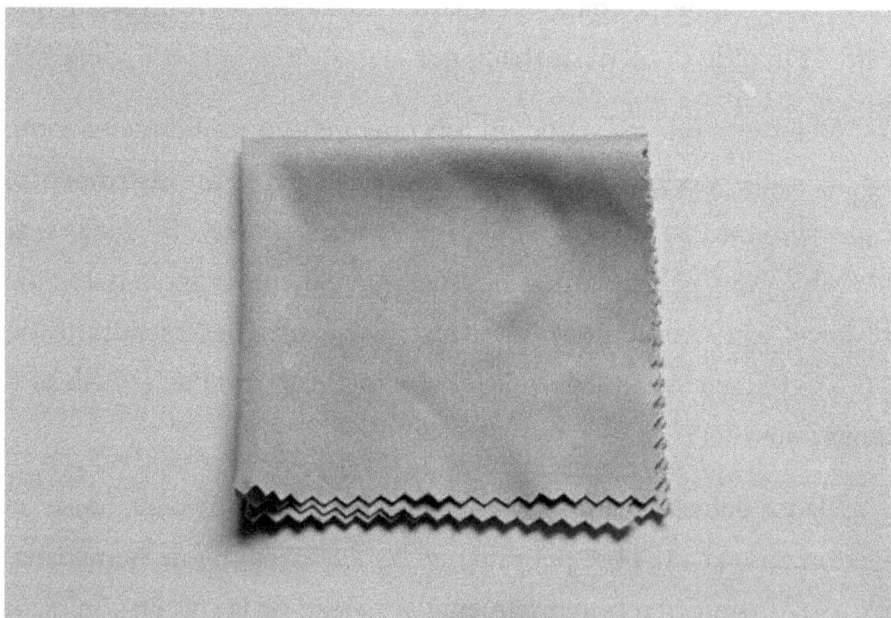

La kalimba, en su conjunto, no es tan compleja como muchos otros instrumentos. Abre una puerta maravillosa al mundo de la música para cualquiera que antes haya tenido miedo de tocar un instrumento. Con solo unas pocas piezas que son increíblemente fáciles de mantener y cuidar, la kalimba tiene un hermoso sonido ligado a una cultura de música única que puede enseñarle a cualquiera un mundo completamente nuevo de creatividad y expresión artística.

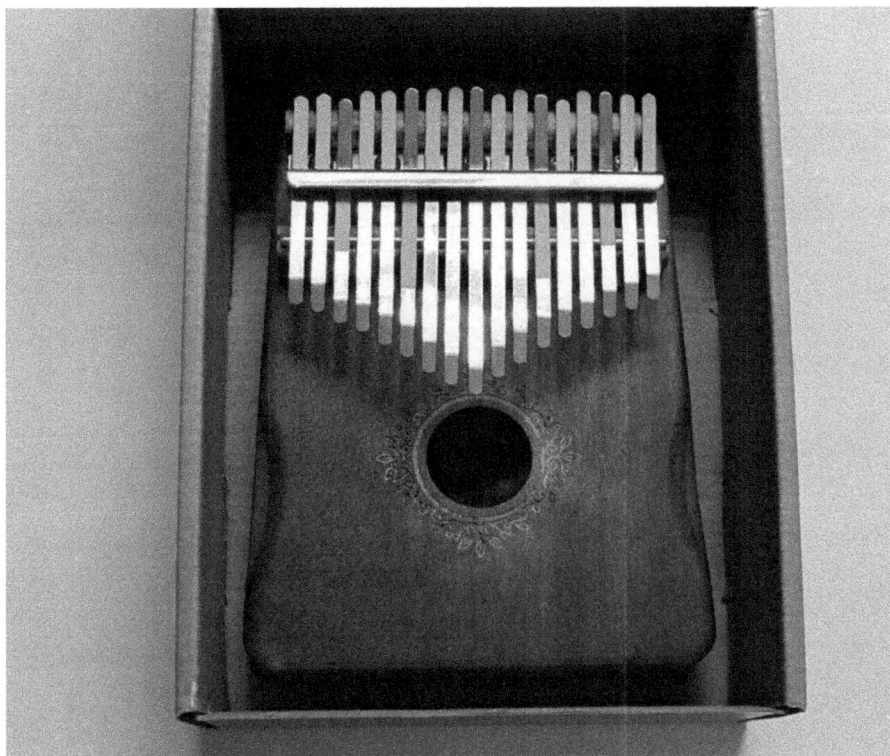

A medida que te familiarices con cómo se ve y se siente tu instrumento, es probable que sientas más ganas de tocar.

# Capítulo 4
## Preparar tu instrumento

**Temas cubiertos:**

- Manipular tu kalimba

- Técnicas básicas

- Afinar tu piano de pulgar

- Diferentes tipos de afinación

Como ahora sabes más sobre cómo tocar la kalimba, ¡finalmente puedes comenzar a tocar tu instrumento! Has pasado con éxito por el proceso de compra de una kalimba y tienes todo listo para comenzar un proceso completamente nuevo: aprender a tocar.

La kalimba es un gran instrumento para aprender, incluso si nunca antes has tocado otro instrumento musical. No tengas miedo de cometer errores y es normal que te frustres en ocasiones; todo esto es necesario para tu crecimiento musical.

## Cómo manipular correctamente una kalimba

Las kalimbas no son un instrumento difícil de sostener. Siempre que hayas comprado una que se ajuste al tamaño de tu mano, deberías poder agarrar fácilmente los lados.

Al poner las manos alrededor de las hendiduras y ranuras de la caja armónica, podrás agarrar la kalimba de una forma natural.

No ejerzas demasiada presión en los lados; un poco de presión en el cuerpo de la kalimba debería ser suficiente para que se te haga cómodo pulsar las lengüetas.

Si bien puedes descansar cómodamente los dedos a lo largo de la parte posterior y los lados de la kalimba, es importante que tus pulgares queden disponibles y en una posición abierta donde puedas moverlos fácilmente. Tus pulgares son los dedos que tocarán las teclas de tu kalimba, mientras que el resto de tus dedos sujetarán la parte posterior y los lados de tu instrumento.

Al colocar los otros dedos, debes asegurarte de tener cuidado de no cubrir las aberturas acústicas posteriores de tu kalimba. Si tu instrumento las tiene, cubrirlas puede reducir la calidad del sonido profundo y resonante de tu piano de pulgar. En su lugar, probablemente será más fácil optar por colocar el resto de los dedos por arriba de las aberturas acústicas.

Algunas personas tocan la kalimba con los otros cuatro dedos presionados contra la parte posterior de su instrumento, mientras que otras pueden colocar sus dedos índices a lo largo de los lados de la caja armónica. Esto realmente depende de las preferencias y la comodidad personales, ya estas variantes no producen un sonido notablemente diferente. Ciertas piezas musicales pueden requerir que tus manos estén colocadas de manera diferente para facilitar el movimiento, pero esto es algo que descubrirás con el tiempo.

A medida que empieces a tocar más y más, te acostumbrarás a sostener tu kalimba de esta manera. Si bien puede que no sea algo natural al principio, con el tiempo podrás acostumbrarte fácilmente al agarre.

Si encuentras que tienes dificultades para agarrar tu kalimba correctamente o sientes una incomodidad general al hacerlo (sostener una kalimba no debería ser incómodo), entonces deberías considerar evaluar entre los modelos de kalimba Alto, Treble o Celeste mencionados anteriormente para ver cuál podría funcionar mejor para ti. Si bien es posible que descubras que las puntas de tus pulgares pueden quedar sensibles después de comenzar a tocar la kalimba y pulsar las lengüetas, toda tu mano no debería sentirte incómoda. El dolor y la incomodidad continuos podrían significar que el modelo de kalimba que tienes no está hecho para ti y deberías considerar investigar más sobre otro modelo o formas de reducir cualquier incomodidad. La kalimba es un instrumento realmente divertido y hermoso, especialmente cuando puedes tocarlo y hacer música con comodidad.

## Afinar tu instrumento

Si nunca has tocado un instrumento musical, es posible que no conozcas el proceso de afinado.

Hay varios motivos para afinar un instrumento. En primer lugar, debes asegurarte de que tu instrumento reproduzca los tonos correctos para que puedas producir música con precisión. La segunda razón es que, si alguna vez vas a tocar con otra persona o con otro instrumento, querrás tocar los mismos tonos con la misma afinación para que las notas no suenen mal juntas.

La razón científica por la que deseas afinar tu instrumento puede ser útil para tu comprensión musical.

Para producir notas, los instrumentos producen **vibraciones**. Estas vibraciones producen **ondas sonoras**, que son los sonidos que vamos a escuchar. Estos se miden en **hercios** (también conocidos como **hertz**).

Básicamente, cuando se afinan correctamente, las ondas sonoras de estas vibraciones pueden ser consistentes en muchos instrumentos diferentes, produciendo un sonido agradable que no es disonante.

Si tu kalimba está desafinada, es posible que notes que, cuando intentas tocar canciones, no coincide del todo con la pieza original. Para solucionar este problema, puedes afinar tu instrumento.

Para afinar tu kalimba, necesitarás **tu instrumento**, un **martillo de afinación** y un **afinador**.

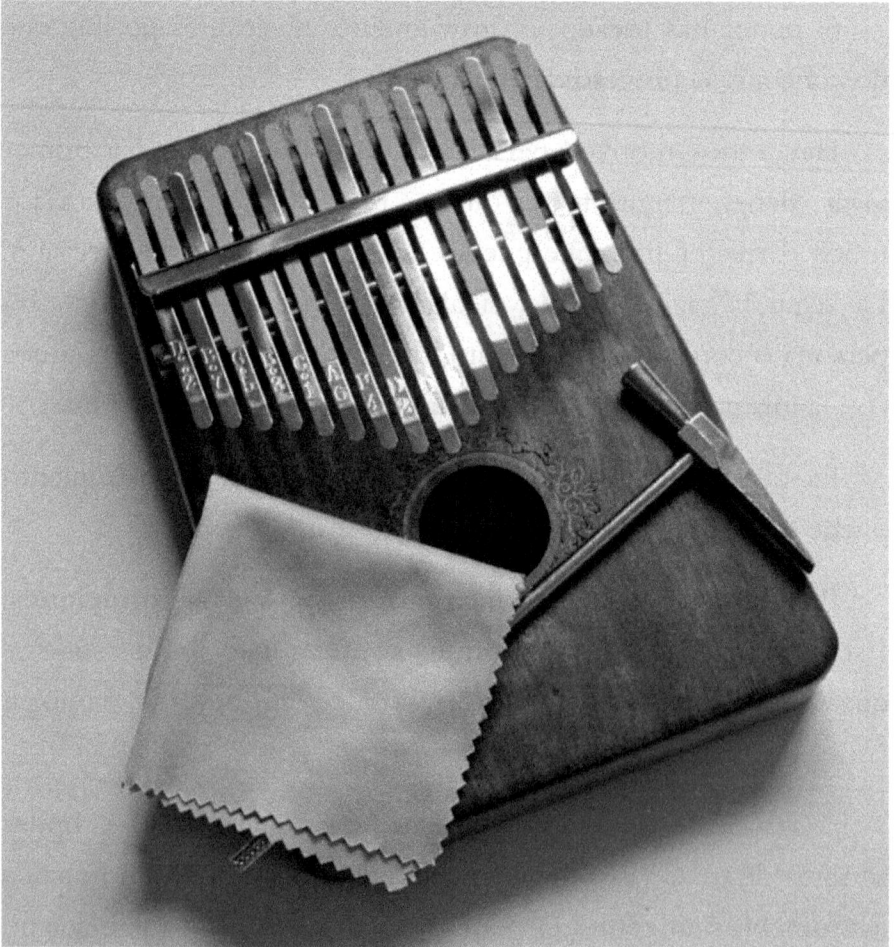

Si tienes un teléfono inteligente, puedes encontrar un afinador en la tienda de aplicaciones. Hay muchos gratuitos si no quieres gastar dinero al afinar tu kalimba.

Yo, personalmente, uso un afinador físico. Sin embargo, siempre que funcione con precisión, no existe una diferencia real entre usar una aplicación de teléfono o un afinador físico. Realmente depende de tus propios deseos de afinación y uso musical.

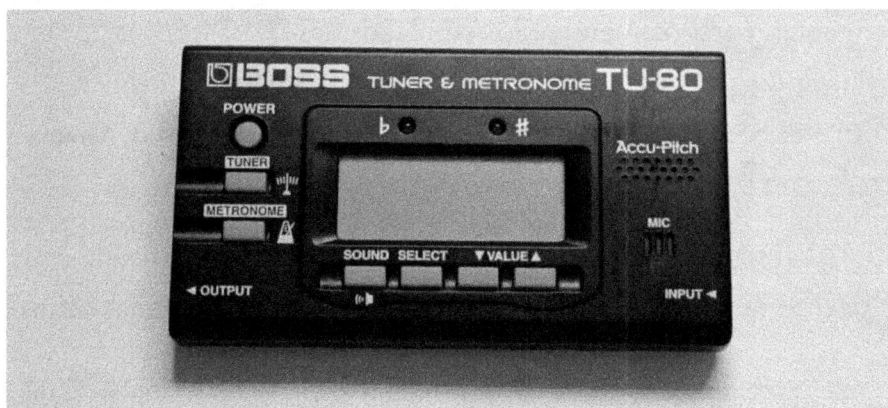

Si te tomas el tiempo para afinar tu kalimba con precisión, probablemente no necesitarás volver a afinarla por un tiempo. Debido a la naturaleza de la kalimba, no es necesario desarmarla para guardarla. Así, la afinación de tu kalimba permanecerá después de que la uses.

Sin embargo, quizás querrás volver a verificar la afinación de tu kalimba es si notas que suena raro, han pasado un par de semanas desde la última vez que la revisaste, si se te cayó o si quizás estropeaste alguna lengüeta de tu kalimba en algún momento.

De lo contrario, tu kalimba debería mantenerse bien para tocarla con regularidad.

Antes de que empieces a aprender a tocar la kalimba, te recomiendo que te sientes a afinarla para darle a tu instrumento la mejor oportunidad de sonar genial desde el principio.

Para comenzar a afinar tu instrumento, toma tu kalimba, tu martillo de afinación y tu afinador. Siéntate y pulsa tu primera lengüeta; personalmente, yo empiezo desde el centro y sigo avanzando por las teclas en orden. Las lengüetas normalmente comienzan con C (do) y suben a D (re), E (mi), F (fa), G (sol), etc. en un patrón de ida y vuelta.

Tu afinador debería captar los ruidos que estás reproduciendo y decirte qué tono ocurrió, junto con qué tan "plano" o "nítido" es.

Si te das cuenta de que tu nota está desafinada, y especialmente que no coincide con el tono deseado, que a menudo está anotado en el metal de las lengüetas, querrás ajustarlo con tu martillo de afinación. Algunas personas usarán otros elementos, como sus manos o alicates, si no tienen un martillo de afinación disponible, pero creo que usar un martillo de afinación me permite ser más delicado y preciso con mi piano de pulgar.

El martillo de afinación se utiliza golpeando suavemente cada extremo de la lengüeta para ajustar su posición contra el puente y la barra vibratoria.

Si deseas bajar el tono de la lengüeta, debes golpear ligeramente la tecla hacia abajo golpeando la parte superior de la lengüeta de metal con el martillo de afinación. Por el contrario, si deseas aumentar el tono, debes mover la parte inferior de la lengüeta hacia arriba.

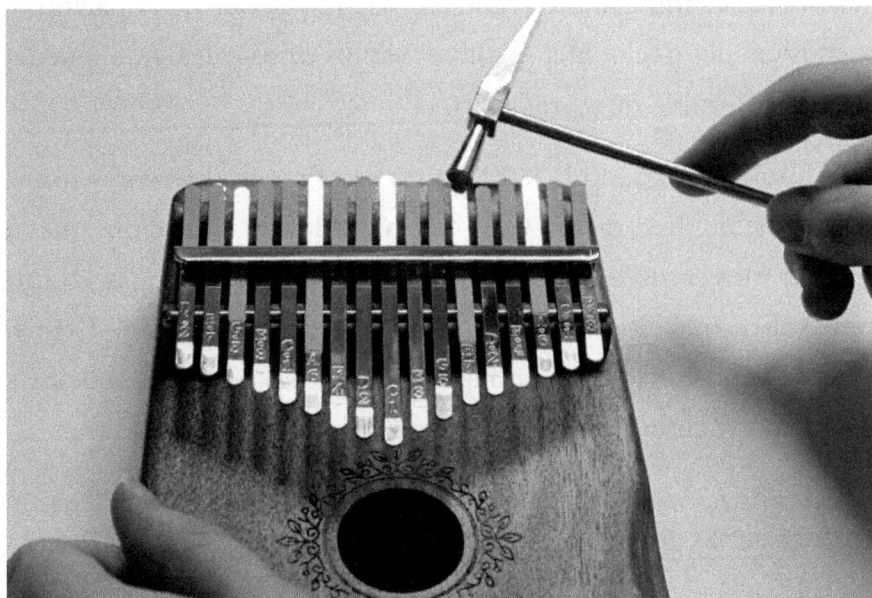

Se sugiere que juegues con la afinación de tu kalimba hasta que todas las notas están perfectamente afinadas. Si bien esto puede requerir más tiempo y esfuerzo, a la larga dará sus frutos con un sonido claro y tonos hermosos.

Al principio, no es necesario que la afinación de la kalimba sea perfecta, pero hacer esto ayuda a crear una buena base de fundamentos para que un músico principiante se acostumbre a la sensación, el sonido y las notas bien afinadas.

## Una amplia gama de estilos de afinación

En términos generales, la afinación de un instrumento se describe mejor como la relación entre las notas y los tonos que se tocan. A menudo, las kalimbas se afinarán en la tonalidad de do mayor, como se describe en la afinación occidental. Sin embargo, dado que la kalimba solo se creó debido a la música de Zimbabue, es importante reconocer las relaciones de afinación de la música no occidental y otros estilos musicales que pueden inspirar tu propia interpretación.

Aunque a menudo la kalimba no se afina en diferentes tonos, sí es posible hacerlo. Tienes un martillo de afinación que te permite mover las lengüetas de las teclas para que tengas control total sobre qué tipo de notas estás tocando y cuándo. Esto te permite reproducir una amplia variedad de sonidos y música si alguna vez te interesa este tipo de experimentación.

La afinación **Nyamaropa** es una afinación increíblemente común en Zimbabue. Debido a que no sintoniza los mismos semitonos y tonos completos que la música occidental, sonará ligeramente diferente a cualquier ejemplo occidental similar. Sin embargo, el estilo de afinación de Nyamaropa es más similar a una escala **mixolidia**. En sus elementos más esenciales, una escala mixolidia es una escala que comienza en el quinto grado de una escala mayor. Ofrece una variedad única de sonido que puede agregar una nueva sensación de instrumento.

El estilo de afinación Nyamaropa es conocido por su relación con la cultura shona. El sonido añade énfasis a varias personas juntas creando sonido y música. Incluso más allá de la afinación, esta música incluye muchos polirritmos y contramelodías que se unen para crear una pieza fascinante, atractiva y asombrosa.

Para estos estilos de interpretación, un solo instrumento no siempre puede completar o elevar una pieza por sí solo.

**Dambatsoko** es otro estilo de afinación de kalimba y mbira. Conocida por tener una afinación baja y un sonido completo, la afinación Dambatsoko lleva el nombre del cementerio ancestral de la familia Mujuru y se ve comúnmente en todas las zonas rurales de Zimbabue.

La afinación Dambatsoko es cercana a la **jónica**, que es un término en la música occidental que describe la **escala mayor**.

**Katsanzaira** es otro estilo de afinación cuyo nombre hace referencia a "la calma antes de la tormenta" y también de la "lluvia que cae". Es un hermoso término para describir esta afinación tradicional de mbira, conocida por tener un sonido dulce.

Esta afinación es similar al modo **dórico**. Sin embargo, en la música occidental, esto se asocia con un sentimiento ligeramente triste y menor. La escala dórica se utiliza en muchos géneros musicales diferentes para crear un sonido místico e interesante.

**Mavembe**, también conocido como afinación **Gandanga**, es similar al modo **frigio**, que destaca por su sonido oscuro. Esto tiene sentido al ver cómo se creó este estilo.

El músico zimbabuense Sekuru Gora afirma que creó esta afinación en un funeral, después de escuchar una canción de luto con un sonido único. Afinó su mbira para que coincidiera con ese sonido.

Si bien se discute si Sekuru Gora realmente creó este estilo de afinación, esta historia se alinea con la sensación y el sonido de esta afinación de mbira.

**Saungweme** es una afinación con un sonido funky, que se encuentra entre la afinación **Nyamaropa** y un **modo de tono completo**. Tiene un sonido hermoso que es difícil comparar con cualquier otro sonido occidental.

Si bien la kalimba no suele afinarse más allá de la tonalidad de do, técnicamente se puede cambiar y modificar para que puedas jugar con todos estos diferentes estilos de afinación si alguna vez lo deseas. Explorar la música de Zimbabue y los estilos de afinación no occidentales es algo de lo que solo puedes beneficiarte. Y, especialmente, si te tomas el tiempo para apoyar la cultura y la historia musical shona sin occidentalizarlas, te asegurarás de que la documentación de estos estilos y sonidos musicales sea recordada y sentida en todo el mundo.

Hay muchas tiendas en línea, sitios y registros históricos que te permiten comprar, explorar o aprender más sobre la historia de Zimbabue con la mbira. Si puedes, debes asegurarte de apoyar la preservación de la historia y la cultura.

# Capítulo 5
# Cómo tocar la kalimba

**Temas cubiertos:**

- Cómo pulsar adecuadamente las lengüetas

- Cómo tocar notas en la kalimba

- Cómo tocar acordes en la kalimba

- Cómo tocar melodías en la kalimba

Ahora que has repasado todos los elementos esenciales, puedes aprender a tocar tu nuevo instrumento. En este capítulo, te sentarás y comenzarás a tocar tu kalimba, que ya ha sido afinada y está lista para hacer música.

## Pulsar las lengüetas

Hacer sonido con la kalimba es relativamente fácil. Al colocar las manos contra el cuerpo de la caja armónica, podrás utilizar la uña del pulgar para tirar de las lengüetas hacia abajo. Estas teclas producirán un sonido y, por lo tanto, permitirán que tu kalimba produzca un sonido hermoso y resonante. Descubrirás que, después de pulsar las teclas, los sonidos persistirán durante unos segundos. Algo que me encanta de la kalimba es la forma en que los sonidos se mezclan y se superponen cuando se tocan, creando una calidad de sonido absolutamente maravillosa que, aunque todavía tiene cierta disonancia por la variedad de notas que se pueden tocar, no se escucha comúnmente en la música occidental.

Si te interesa tocar la kalimba, dejarte crecer las uñas será de gran ayuda para mejorar tu capacidad de pulsar las lengüetas. No es necesario que las dejes crecer mucho, pero he descubierto que cuanto más largas son mis uñas, más fácil me resulta tocar durante más tiempo sin lastimarme los pulgares y otros dedos.

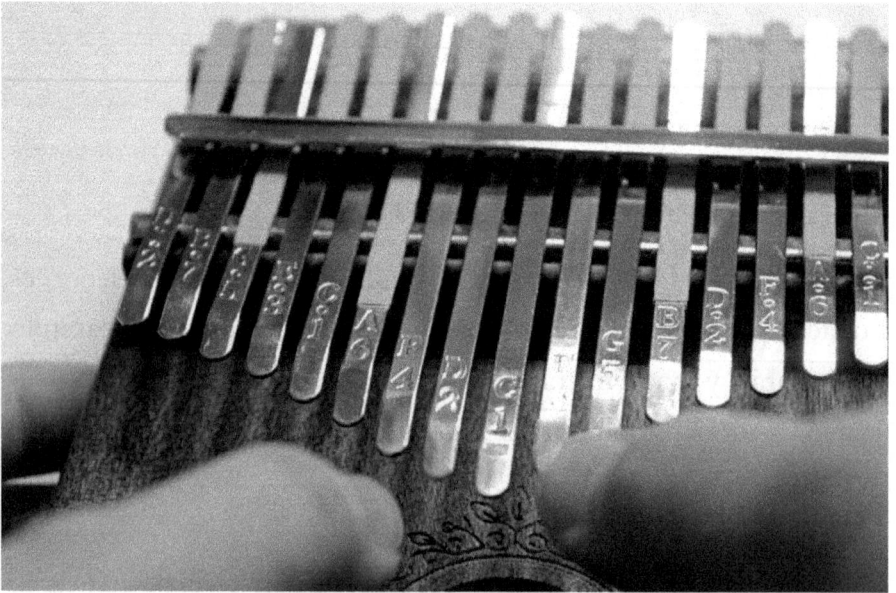

Hay otras técnicas que también se pueden utilizar. Experimenta con tu técnica; puede que sea incómodo, pero cuando estés aprendiendo a tocar este nuevo instrumento, ¡prueba y ve si puedes encontrar otras habilidades útiles! El piano de pulgar es un instrumento que favorece a las personas que juegan con las posibilidades de su sonido y se divierten con su rica calidad y resonancia.

A menudo, si necesitas tocar varias notas en rápida sucesión en tu kalimba, necesitarás preparar tus pulgares para deslizarte y presionar las teclas al ritmo de tu música. A medida que te acostumbres cada vez más a la kalimba y memorices la disposición de todas las lengüetas, te resultará mucho más fácil tocarla.

Personalmente, me llevó algunas semanas sentirme más cómodo con este instrumento. ¡Así que tómate tu tiempo y no te presiones por aprender la técnica a la perfección de inmediato!

Haz de la kalimba tu instrumento a medida que empieces a acostumbrarte a ella. ¡Tócala de la forma que se te haga más cómoda! Todos tocarán este instrumento de manera diferente; ¡algunas personas incluso optan por usar sus dedos libres (medio, anular y meñique) para tocar ritmos de percusión en la parte posterior de la caja de resonancia! Las posibilidades son ilimitadas.

## Cómo tocar notas

Cuando pulses correctamente las lengüetas de la kalimba, descubrirás que produce una nota.

Si estás utilizando una kalimba producida en masa, es probable que tenga el tono escrito en las teclas (la mayoría tienen las notas escritas en la escala en inglés, por lo que sería útil que busques una tabla de conversión). Si tocas la tecla con la nota correspondiente escrita en la lengüeta, entonces estarás produciendo esa nota.

Sin embargo, algo útil a tener en cuenta es que la nota media de la kalimba, hasta el final del rango de tu kalimba, probablemente será una nota do (C). Es muy común que las kalimbas estén estructuradas de esta manera.

Como ya tienes acceso a un afinador de cuando afinaste tu kalimba, también puedes usarlo para descubrir el tono de una tecla específica, si tu kalimba no lo marca por ti.

Debido a la construcción única de la kalimba, crea un sonido resonante que puede permitir la superposición de múltiples notas. Esta es una de mis partes favoritas de la kalimba y es algo que te desafiará, pero que también agregará valor a la música que estás tocando.

Tocar varias notas seguidas es un ejercicio importante para adquirir la memoria muscular necesaria para tocar la kalimba.

Al empezar a tocar, debes intentar hacer una escala corta.

Las escalas musicales son una colección de notas musicales ordenadas por tono. Estos son ejercicios valiosos que pueden ayudarte a mejorar la interpretación de tu instrumento y permitirte acostumbrarte al diseño de la kalimba, que puede parecer contradictorio al principio.

Comienza intentando pulsar las lengüetas en este orden:

**C D E F G A B C**

o

**Do Re Mi Fa Sol La Si Do**

o

**1 2 3 4 5 6 7 1**

**Audio de ejemplo #1:** Escala de do mayor

Estos son los grados de una escala de do mayor, o C en inglés, y los números adjuntos indican qué nota se está tocando.

Si aún no sabes leer partituras, es valioso aprender estos grados de escala y las notas asociadas. Poco a poco, podrás saber cada vez mejor qué número y/o tono necesitas tocar en función de la partitura o ktabs (como se conoce a las tablaturas de kalimba) que estés viendo.

Cuando aprendas a tocar escalas, tómate tu tiempo y sigue practicando. Si empiezas muy lento, ¡está bien! Es valioso desarrollar estos fundamentos y que te tomes tu tiempo para aprender y realmente reducir estas escalas.

Otro ejercicio divertido es el arpegio.

El arpegio es un ejercicio musical que involucra las notas de un acorde separadas y tocadas en sucesión en lugar de todas a la vez. Se pueden tocar en orden ascendente o descendente y son realmente valiosas para tu comprensión fundamental de la música, la teoría musical y la interpretación en general.

Prueba este ejercicio:

**C E G C\* E\* G\* C\*\* E\*\* C\*\* G\* E\* C\* E G C**

o

**Do Mi Sol Do\* Mi\* Sol\* Do\*\* Mi\*\* Do\*\* Sol\* Mi\* Do\* Mi Sol Do**

o

**1 3 5 1\* 3\* 5\* 1\*\* 3\* 5\* 1 3 5**

---

## Audio de ejemplo #2: Arpegios de do mayor

---

*Se pueden utilizar estrellas para indicar una octava más alta, lo que significa que la nota mantiene el mismo tono pero en un nivel más alto. Podría tener la mitad o el doble de la frecuencia de vibración de la nota de la octava media.*

*Una estrella significa una octava por encima del do central. Dos estrellas significan dos octavas por encima del do central.*

## Cómo tocar acordes

Un acorde en música se describe mejor como un conjunto de tonos que forman múltiples notas diferentes. Tocan todos al mismo tiempo, por lo que emiten el sonido de múltiples tonos/frecuencias a la vez.

Los acordes pueden estar formados por cualquier variedad de notas. Muchos acordes pueden tener diferentes vibraciones y eso es importante para la calidad de tu música. A medida que todas las notas se unen para producir un sonido, notarás que diferentes combinaciones de acordes se unirán para crear una sensación única.

Los acordes mayores utilizan partes de la escala mayor para crear un sonido brillante y alegre. La escala mayor es una escala musical de uso común, particularmente en la música occidental. Es una escala diatónica y se compone de siete notas en total, siendo la octava nota una repetición de la primera en una octava más alta.

En el caso de la kalimba, es probable que tu instrumento esté afinado en do mayor. Un acorde de do mayor se compone de tres notas que puedes tocar con la uña del pulgar deslizando el dedo por las lengüetas.

Intenta tocar el acorde de do mayor:

## C E G

o

## Do Mi Sol

o

## 1 3 5

**Audio de ejemplo #3:** Acorde de do mayor

**Audio de ejemplo #4:** Acorde ascendente (do mayor)

A continuación, intenta experimentar con una hermosa combinación de notas de do mayor. ¡Ve si puedes descubrir cómo se resuelven y suenan! Siempre que uses una variedad de notas do, mi y sol, sonarán muy bien juntas y tendrán un sonido brillante y alegre.

Los acordes menores utilizan notas individuales de la escala menor para encontrar un sonido más triste y oscuro. La escala menor es otra versión armónica de la escala mayor. Cada escala menor ocupa el sexto grado de la escala mayor respectiva. Entonces, si estuvieras tocando una pieza en do mayor, la relativa menor de esta sería la menor.

En la kalimba también puedes tocar en clave de la menor.

Observa cómo el sonido de un acorde de la menor varía en calidad y sonido. ¡Pruébalo!

**A C E**

o

**La Do Mi**

o

**6 1 3**

> **Audio de ejemplo #5:** Acorde en la menor

> **Audio de ejemplo #6:** Acorde ascendente (la menor)

Si bien hay una cantidad significativamente mayor de acordes que se pueden tocar en la kalimba, estos son algunos de los más conocidos de la música occidental. Tener una buena comprensión de estos será útil en otras piezas que toques en el futuro. Continúa practicando tus habilidades de tocar acordes para poder tocar canciones cada vez más complejas en el futuro.

## Cómo tocar melodías

En música, una melodía es una secuencia de notas y tonos que finalmente se unirán para crear un sonido que, sea cual sea el efecto, satisface su propósito. Por ejemplo, algunas canciones están escritas para ser más felices y, por lo tanto, deben resolverse de manera diferente a como se podría resolver una canción triste.

La música comúnmente se compone de una variedad de acordes, armonías y contramelodías diferentes que se unen para intercambiar ideas musicales. Este intercambio de ideas, que se produce todo a la vez, dará lugar a una canción o una melodía.

Como intérpretes de la kalimba, tenemos más opciones para crear melodías que muchos otros instrumentos. Por ejemplo, con la kalimba podemos pulsar varias lengüetas al mismo tiempo en ambos lados del instrumento, podemos hacer ritmos de percusión con los dedos en la parte posterior del instrumento y un intérprete puede tararear o cantar mientras toca para crear una experiencia musical completa y hermosa.

Como es posible que aún no sepas leer partituras o ktabs, puede resultar difícil entender cómo una melodía podría terminar expresándose a través de la música.

Generalmente, las melodías (especialmente en música clásica o en géneros más apegados a la teoría musical) incluirán notas dentro de una determinada escala mayor y/o menor para influir en la vibra de la pieza y crear los acordes y las resoluciones. Si bien solo existe un número determinado de notas en el mundo, existen muchos ritmos y formas diferentes en las que estas notas se pueden transferir a una hoja de papel para crear una pieza musical única.

Los ritmos musicales muestran cómo el compositor o arreglista original quería que se tocara la pieza. A menudo, incluso la más mínima vacilación o pausa puede quitarle o añadirle algo a una pieza musical. Como músico en aprendizaje, es tu trabajo informarte sobre todas las formas en que puedes jugar y expresar tus propias canciones y melodías en el futuro.

Para probar tu fraseo musical, intenta experimentar con esta colección de notas y ve si puedes encontrar una melodía atractiva dentro de esta breve pieza que he escrito a continuación en grados de escala.

**G F G D\* C\* D\* C\* B G A B A B A**

o

**Sol Fa Sol Re\* Do\* Re\* Do\* Si Sol La Si La Si La**

o

**5 4 5 2\* 1\* 2\* 1\* 7 5 6 7 6 7 6**

**Audio de ejemplo #7:** Canción con grado de escala

No te estreses si al principio tienes dificultades para tocar melodías. A medida que empieces a familiarizarte con las lengüetas de tu kalimba y su posición en el cuerpo de tu instrumento, descubrirás que cada vez es más fácil tocar melodías más complejas.

Como ocurre con todos los instrumentos, se necesita tiempo y práctica para mejorar.

Si bien a veces resulta muy frustrante, también te brinda una maravillosa oportunidad.

Incluso si empiezas con dificultades, llegará un día en el que terminarás de tocar la pieza musical más hermosa y podrás mirar hacia atrás, a donde empezaste, y ver cuánto has crecido.

# Capítulo 6
## Leer partituras y teoría musical

### Explorar las tablaturas (ktabs)

La **tablatura** es, en su forma más básica, otra forma de leer música que ha sido diseñada específicamente para las mentes de los intérpretes de kalimba. Incluso para los intérpretes o músicos experimentados de kalimba, las partituras pueden resultar difíciles de ver y tocar sin práctica. La tablatura atiende directamente a las necesidades y procesos de pensamiento que ocurren mientras tocas la kalimba.

Si estás tratando de aprender algo pero tus manos no lo entienden con las partituras, muchas veces la tablatura, o ktab, puede ayudarte con eso.

Si bien no es imposible leer partituras como intérprete principiante de kalimba, es un poco más desafiante. Debido a esto, puede resultar útil que te tomes tu tiempo para trabajar con ktabs antes de pasar a las partituras. Esto también es útil porque toda la música escrita en ktabs está escrita para kalimba, lo que la hace mucho más amigable para los principiantes.

Además, la tablatura tiene en cuenta el proceso de pensamiento del intérprete de kalimba mientras toca. Mientras que las partituras no explican la forma en que tenemos que pensar y visualizar la kalimba mientras tocamos, las ktabs sí; como estamos usando dos pulgares, tenemos que controlarlos y recordar dónde están todas nuestras notas/lengüetas. Si bien estas son cosas que se convertirán en memoria muscular con el tiempo, para los principiantes y para cualquiera que desee aprender, esto puede ser una barrera de entrada frustrante que puede reducirse con la introducción de ktabs.

En el futuro, será útil que aprendas a leer partituras, ya que es el lenguaje musical más universal, pero no es inherentemente necesario de inmediato.

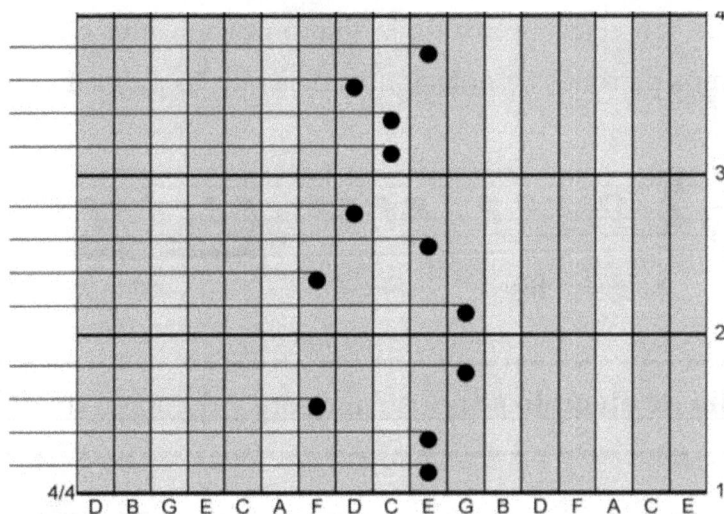

En la tablatura, la línea central negra y gruesa es un indicador visual de los lados izquierdo y derecho del instrumento. Es útil dividir el instrumento en dos mitades y mostrar qué pulgares deben cubrir qué lados del instrumento.

Una medida se indica mediante una línea negra horizontal que atraviesa todo el instrumento. En términos musicales, un compás es una pequeña subsección de tiempo que constituye la pieza musical más grande. A menudo, se unirán varios compases para crear una frase musical.

Una frase puede ser parte de una melodía o canción que esté agrupada. En la música más moderna (especialmente en las canciones pop), las frases ocupan 4 u 8 compases.

En las ktabs, asegúrate de leer las notas **de abajo hacia arriba**. Los símbolos de las lengüetas indican qué lengüetas pulsar y cuánto tiempo hay que esperar antes de tocar la siguiente nota.

Las ktabs son claras acerca de la sincronización musical y siguen los mismos patrones de notación rítmica que las partituras.

Redonda   Blanca     Negra     Corchea

**Audio de ejemplo #8:** Sostener nota y duración de ritmo

Estos son algunos ritmos básicos que probablemente verás en tus primeras ktabs. Todos estos tienen recuentos únicos asociados, pero utilizarán huesos y estructuras similares para su recuento individual.

La **redonda** (llamada en inglés "nota completa") tiene 4 tiempos, lo que significa que si tocaras una redonda en la kalimba, tocarías la lengüeta asociada en el tiempo 1 y luego esperarías hasta el final del tiempo 4 para pulsar la siguiente lengüeta.

La **blanca** se conoce en inglés como "media nota" porque se le asigna la mitad del tiempo de la redonda. Se le dan 2 tiempos, mientras que a la **negra** (conocida en inglés como "cuarto de nota") se le da 1 tiempo y a la **corchea** (en inglés, "octavo de nota") se le da medio tiempo.

Si comienzas a aprender a leer ritmos con canciones con las que ya te has familiarizado, te resultará más fácil asociar los valores de tiempo adjuntos con el aspecto de ciertas raíces y ritmos.

Intenta leer esta pieza en tablatura y ve si puedes descubrir qué canción es.

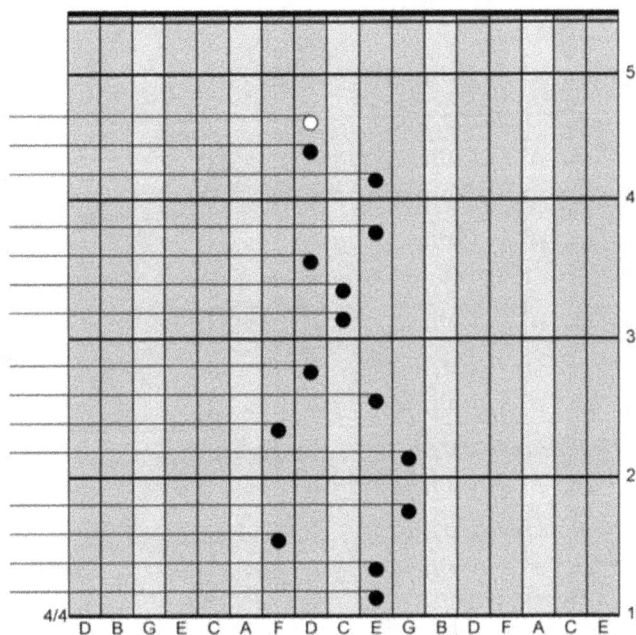

> **Audio de ejemplo #9:** Himno a la alegría (VERSIÓN PARA KTAB)

Si adivinaste que es el *Himno a la alegría* de Beethoven, ¡estarías en lo cierto!

Esta es una pieza clásica que la mayoría de la gente aprenderá al comenzar con cualquier instrumento nuevo, por lo que fue necesario incluirla aquí. Más allá de eso, también es una pieza sencilla que realmente puede ayudar a un nuevo intérprete a aprender el movimiento y la sensación de su instrumento.

Ser capaz de leer tablaturas es una habilidad valiosa. Es un mapa de tu kalimba que te ayuda a acostumbrarte a ver dónde deben estar tus pulgares mientras tocas.

Si quieres seguir explorando con las ktabs, prueba esta canción:

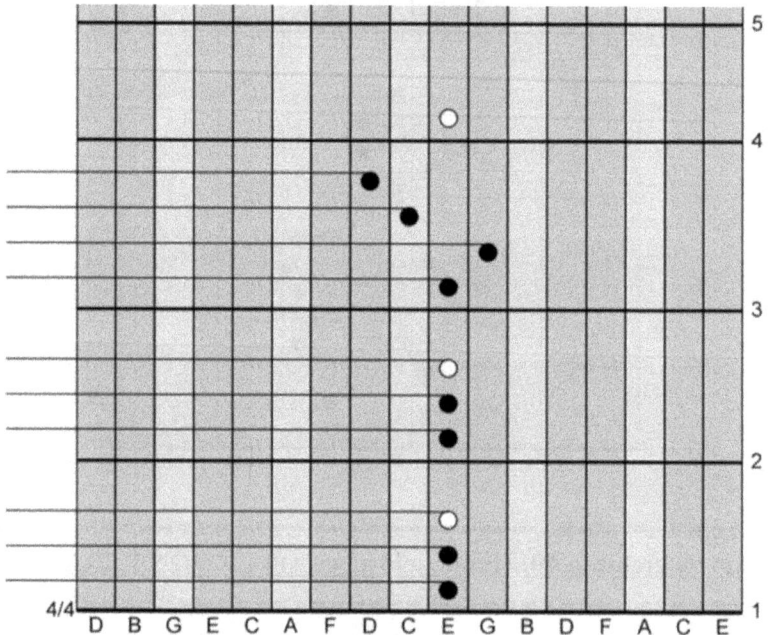

**Audio de ejemplo #10:** Navidad, Navidad

## Cómo leer partituras

Leer partituras (y hacerlo bien) es, en muchos sentidos, como aprender un nuevo idioma. Si bien probablemente no te llevará tantos años dominarla, la música es una habilidad que se puede dominar con el tiempo y es un músculo que se puede ejercitar y desarrollar si tienes la disposición de esforzarte en ello.

Al mirar partituras, probablemente haya una cosa que te llame la atención por encima de todas las demás: el pentagrama.

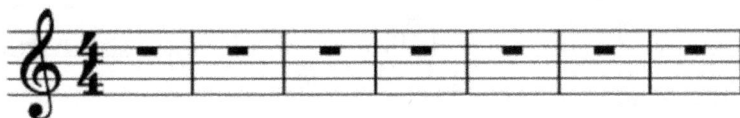

Tiene este aspecto y mantiene la estructura general sobre la que se pueden construir todas las músicas y canciones posibles. Este es un formato al que te acostumbrarás mucho con el tiempo, incluso si aún no lo entiendes.

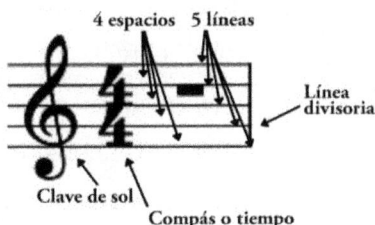

El pentagrama está formado por **cinco líneas y cuatro espacios**. Las notas musicales se colocan en estas líneas o dentro de los espacios para indicar qué nota se debe tocar.

A veces, leer las partituras de kalimba puede resultar complicado debido a la forma en que está construido el instrumento; puede llevar algún tiempo traducir la naturaleza de "ida y vuelta" de las lengüetas a la progresión tan lineal del pentagrama musical.

La música de kalimba tiende a escribirse en **clave de sol**. Ese es el símbolo que marca el comienzo de cada línea. Este símbolo es importante para enseñarte a leer música. Otros instrumentos pueden tener partes escritas en clave de alto o clave de fa, pero esto no es típico de la kalimba, por lo que nos centraremos en la clave de sol.

Con la clave de sol, leerás y tocarás tus notas tal como están escritas directamente en tu kalimba. Por ejemplo, si la partitura te pide que toques una C (do) en tu kalimba, tocarías una C (do). Algunos otros instrumentos y claves requerirán alguna traducción, pero no la kalimba.

También aparecerá una línea divisoria al final de cada compás. En las partituras reales, el compás o tiempo dictará la duración del compás indicando el número de tiempos por compás.

Las líneas divisorias y las claves de sol son elementos importantes en la música. No son elementos de la partitura que deban tocarse, sino elementos que afectarán tu forma de tocar.

## Leer notas musicales

La kalimba, especialmente las kalimbas para principiantes producidas en masa, tienden a elaborarse teniendo en mente la **clave de do mayor**. Esto no quiere decir que no puedas afinar tus lengüetas en diferentes tonos, pero sí significa que, para un principiante, probablemente te limitarás a partituras que se leen sin sostenidos ni bemoles.

Sin embargo, como alguien que ha aprendido un par de instrumentos, creo que esta es una excelente manera de comenzar: familiarizarte con las notas bajas de tu kalimba tendrá un impacto positivo en tu forma de tocar a largo plazo.

Puede llevar algún tiempo aprender todos los nombres y posiciones de las notas musicales. Sin embargo, con mucha práctica, podrás mirar la música y saber instantáneamente qué lengüeta tocar en la kalimba. Mucha gente utiliza trucos y dispositivos mnemotécnicos para recordar las notas al principio y luego se convierte en memoria muscular.

Dado que hay cinco líneas y cuatro espacios en el pentagrama musical, puedes separar las notas entre líneas y espacios a medida que aprendes.

Un gran truco para memorizar los nombres de las notas en los espacios es **"FACE"** ("Fa La Do Mi"), que representa cada tono individual en orden ascendente.

**Fa La Do Mi**

En cada una de las cinco líneas del pentagrama, también hay una nota individual asociada. Estas notas son **E (mi), G (sol), B (si), D (re) y F (fa)**, comenzando en la parte inferior del pentagrama y subiendo hasta la parte superior. Dado que estas notas no deletrean una palabra, la gente suele utilizar el recurso mnemotécnico **"Every Good Boy Deserves Fudge"** (que se traduce como "todo chico merece un buen dulce").

Esto te ayudará a familiarizarte cada vez más con el pentagrama musical en su conjunto. A medida que te acostumbras cada vez más a estas notas y a su posición, resulta muy fácil identificarlas.

Sin embargo, puede resultar difícil saber qué nota estás leyendo al principio, ¡y eso está bien! La práctica es una parte importante de toda forma de arte. Si no lo practicas, tendrás dificultades para encontrar mejoras y cambiar con el tiempo.

Si tienes dificultades para aprender a identificar y leer notas de inmediato, un consejo útil para principiantes es escribir el nombre de las notas debajo del pentagrama. A medida que asocies cada vez más las notas con su posición, eventualmente podrás tocar música sin la necesidad de escribir las notas y los tonos.

## Sostenidos y bemoles

Cuando toques la kalimba, probablemente no tendrás que preocuparte por los sostenidos o bemoles en la música, ya que estos instrumentos están afinados en la tonalidad de do mayor (que no tiene sostenidos ni bemoles).

Los **sostenidos y bemoles** también se conocen como alteraciones. Básicamente, pueden subir o bajar el tono de una nota medio tono.

En las partituras, los bemoles se indican con una pequeña "b", lo que significa que están medio tono "hacia abajo" del intervalo natural. Los sostenidos, a la inversa, se indican mediante una forma similar a un signo numérico o un *hashtag* (#). Estos son un semitono más altos que sus contrapartes de tono completo.

En la imagen: Si    Sib    Fa    Fa#

Dado que la kalimba (y especialmente la mayoría de los modelos para principiantes) no tiene una manera fácil de tocar sostenidos o bemoles, esto no es algo de lo que tengas que preocuparte.

Si hay una pieza que te gustaría tocar con sostenidos o bemoles, necesitarás afinar tu instrumento en una tonalidad diferente. Esta es una técnica de kalimba más intermedia, por lo que se tratará más adelante.

Sin embargo, dado que los sostenidos y bemoles son una parte vital de la música, se tratan aquí. Pero debido a la naturaleza de la kalimba, los sostenidos y bemoles son elementos que los principiantes probablemente no experimentarán activamente de inmediato.

Para tu interpretación principiante, te sugiero que te concentres en piezas en clave de do mayor o la menor, que es para lo que está mejor hecha la kalimba.

## Armaduras

Si bien a veces se pueden encontrar sostenidos y bemoles junto a notas individuales, lo más común es que se coloquen en la **armadura**. Esta se encuentra al comienzo de la pieza y se coloca al lado de la clave de sol para indicar qué tecla respectiva se está tocando.

Esta armadura tiene dos bemoles.

El símbolo bemol aparece en el pentagrama para indicar qué notas serán bemoles (o sostenidas, según la clave). Esta tonalidad tiene un si ♭ y un mi ♭ , lo que indica que la tonalidad de esta pieza está en si ♭ mayor.

La mayoría de las kalimbas no están afinadas con esta tonalidad. Si estás buscando buena música compatible con la kalimba, debes buscar piezas musicales que no tengan sostenidos ni bemoles al comienzo de la pieza ni a lo largo de ella. Esto lo hará más accesible y fácil de entender al principio.

Una vez que empieces a leer música más compleja, la armadura variará. Acostumbrarse a leer y comprender la armadura es algo que aprenderás con el tiempo.

## Compás

Otra notación que encontrarás al comienzo de cada pieza es el **tipo de compás**. Esto determinará cuántos tiempos ocurren dentro de cada compás y qué tipo de nota recibirá el ritmo de la música.

El tipo de compás se parece un poco a una fracción, con un número encima del otro.

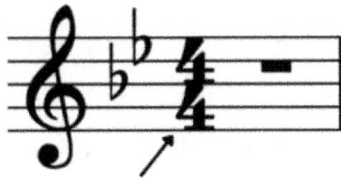

**4/4** es un tipo de compás increíblemente común y uno de los que probablemente experimentarás más como principiante. Cuando lo lees en voz alta, dices este compás como "cuatro, cuatro", en lugar de "cuatro de cuatro".

Al leer el compás de una pieza musical, el número superior te indicará el número de notas en un compás específico. El número inferior indica el tipo de nota que sigue el ritmo.

Dado que esta pieza está en 4/4, hay **4 tiempos en total en un compás determinado**. Y, dado que el número inferior es 4, eso significa que **la negra recibirá el ritmo**. Entonces, habrá cuatro negras en cada compás, y cada negra ocupará un tiempo musical. Al final del compás, habrá una línea divisoria.

El tipo de compás es esencial para ayudarte a navegar a través del ritmo de tu música. Incluso si todavía no entiendes completamente de qué otra manera contar el ritmo de tu música, es posible realizar ingeniería inversa en el proceso de conteo para descubrir cuál será el ritmo de tu música a partir de tu tipo de compás.

Además del compás 4/4, también hay muchos otros tipos de compás. **3/4** es otro tipo de compás común, lo que significa que hay 3 tiempos en cada compás, y el tiempo se le da a la negra.

Hay otros tipos de compás que también son mucho más avanzados. Compases como 6/8 y 3/2 también se pueden encontrar en la música, aunque no son tan comunes.

Ahora que comprendes los conceptos básicos de lectura y visualización de partituras, puedes aprender más sobre cómo poner estas ideas en tus habilidades para tocar la kalimba.

## Contar los ritmos

Independientemente del tipo de música que te guste escuchar, casi siempre habrá un ritmo. Algunas canciones y estructuras musicales ponen tanto énfasis en su ritmo que pueden mezclar todo tipo de melodías e ideas musicales.

La base de los ritmos y del conteo de ritmos es el compás. Como intérprete de kalimba, es importante que puedas encontrar el ritmo de una canción y mantenerlo. Ser capaz de mantener un ritmo y tiempo constantes es fundamental. Esta es una base importante sobre la cual puede desarrollarse el resto de tu música.

Ser capaz de "sentir" una pieza musical significa que puedes encontrar el ritmo y seguir el flujo de la pieza a medida que avanza a través de sus frases.

Una excelente manera de practicar cómo sentir mejor el ritmo de la música es escuchar algunas de tus canciones favoritas e intentar golpear con el pie o aplaudir al ritmo de la pieza. ¡Mira cómo puedes encajar naturalmente en la música! Esta es una manera de profundizar cada vez más en los fundamentos de la música.

Saber más sobre ritmos te permitirá tocar una variedad más amplia de música; esta es una de las partes más importantes para aprender a leer y dominar las partituras. Esto también se aplica a ktabs o tablaturas.

Se pueden encontrar los mismos ritmos en casi todos los tipos de música, sin importar cuán difícil o cuál sea el estilo.

Estos son algunos de los más comunes:

Redonda   Blanca   Negra          Corchea

Al leer el ritmo de una pieza, es importante tener una buena comprensión del compás.

Te sugiero que escribas tus ritmos al principio; conocer tu tipo de compás te indicará el número total de tiempos en un compás y te ayudará a asegurarte de no cometer ningún error.

Al describir el ritmo musical, a cada tiempo se le asigna un número.

En el siguiente ejemplo, la negra recibe el tiempo, lo que significa que una negra obtendrá una cuenta. Y, como también es en tiempo de 4/4, habrá cuatro tiempos en un compás.

Eso significa que se contará el ritmo de esta pieza: 1-2-3-4, 1-2-3-4, 1-2-3-4. La velocidad del ritmo normalmente la anota el compositor, pero, en este caso, puedes ir a la velocidad que quieras.

Una blanca cuenta dos veces. Se parece a una negra, pero no es de color negro.

Al tocar una blanca, mantienes el tono durante 2 tiempos. Para la kalimba, esto significa que pulsas la lengüeta del ritmo con la blanca y dejas que la kalimba suene naturalmente durante el resto de la duración de la blanca. Después de eso, puedes continuar.

Una redonda recibirá cuatro cuentas. Una redonda parece un círculo abierto. Carece de plica, que es la línea descendente que se ve en las negras y blancas.

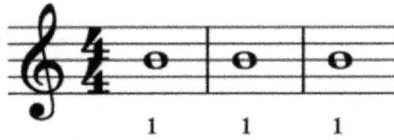

En la kalimba, las redondas son una gran oportunidad para dejar brillar la resonancia natural de tu instrumento. Como se mantienen por un tiempo, puedes escuchar el maravilloso sonido de tu instrumento mientras tocas.

Las corcheas son otro ritmo que probablemente verás mucho en tu música. Las corcheas reciben solo medio tiempo. El dominio de la corchea te permite completar hermosas ejecuciones y sonidos sorprendentes y complejos.

Con una corchea, podrás encajar dos de ellas en un tiempo, ya que se tocan dos veces más rápido que la negra.

Al contar el ritmo de una corchea, la primera marcará el ritmo. En este caso, significa que la primera corchea se contará con un "1", como se ha hecho anteriormente con todas las demás notas hasta ahora. En tiempo común (la forma en que se escribirá la mayor parte de la música de la kalimba), la primera corchea siempre marca el tiempo, para indicar el comienzo de cada nuevo tiempo.

La segunda corchea se cuenta con una "y". Entonces, si contaras un compás de corcheas en voz alta, sonaría como "1-y-2-y-3-y-4-y".

Las corcheas pueden parecerse a las negras, pero mantienen una raíz única. Se pueden encontrar solas o agrupadas con otra corchea.

**Redonda = 4 tiempos**

**Blanca = 2 tiempos**

**Negra = 1 tiempo**

**Corchea = ½ tiempo**

Estos son los ritmos más comunes para la música para principiantes. A medida que aprendes kalimba, debes concentrarte en dominar estos fundamentos.

La música con ritmos más avanzados, aunque aún es posible con mucha práctica, se puede guardar para cuando tu nivel de experiencia sea más intermedio.

Además de los ritmos que indican cuándo debes tocar, hay notaciones musicales que te indican cuándo no debes hacerlo. Un silencio indica precisamente eso, silencio. No debes tocar durante estos casos para mantener la melodía y el ritmo de la pieza general.

Los silencios más habituales son el silencio de redonda, silencio de blanca y silencio de negra.

Silencio de redonda    Silencios de blanca    Silencios de negra

Cada uno de estos silencios tendrá el mismo número de tiempos que la nota correspondiente anterior.

### Silencio de redonda = 4 tiempos

### Silencio de blanca = 2 tiempos

### Silencio de negra = 1 tiempo

Si bien el **silencio de redonda** y el **silencio de blanca** pueden parecer similares, son diferentes según el lugar en el que se encuentran en el bastón. El silencio de blanca solo ocupará la mitad del compás mientras que el silencio de redonda ocupará todo.

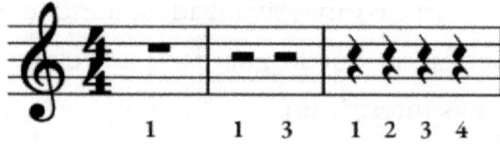

Al igual que estos, también hay **silencios de corcheas,** que cuentan como medio tiempo de silencio. Sin embargo, estos son más comunes en la música intermedia.

Al principio, aprender ritmos puede ser una de las partes más abrumadoras de tocar la kalimba. A cualquiera le puede llevar mucho tiempo aprender. No es ninguna vergüenza tener dificultades al entender las partituras durante un tiempo.

Pero, a medida que empieces a tocar las mismas piezas una y otra vez, descubrirás que te resultan familiares y, naturalmente, se sienten bien bajo tus dedos.

Es una curva de aprendizaje difícil de dominar, pero vale la pena.

# Capítulo 7
## Canciones de práctica

Ahora que sabes leer partituras y tablaturas, finalmente puedes intentar tocarlas. La mejor manera de aprender música es tocando y con mucha práctica, ¡así que vamos a ello!

Cada pieza de este capítulo estará escrita en clave de do mayor o la menor para que no tenga sostenidos ni bemoles, para que te resulte más fácil.

## Aplicar la tablatura

Las primeras canciones que te recomiendo practicar están en formato de ktabs. La tablatura, aunque no es universal y está más limitada en el número total de piezas que existen, sigue siendo realmente valiosa. Está escrita de una manera que tendrá sentido para la mente del intérprete de kalimba, lo cual es crucial a medida que aprendes.

## María tenía un corderito

**Audio de ejemplo #11:** María tenía un corderito

## Go Tell Aunt Rhody

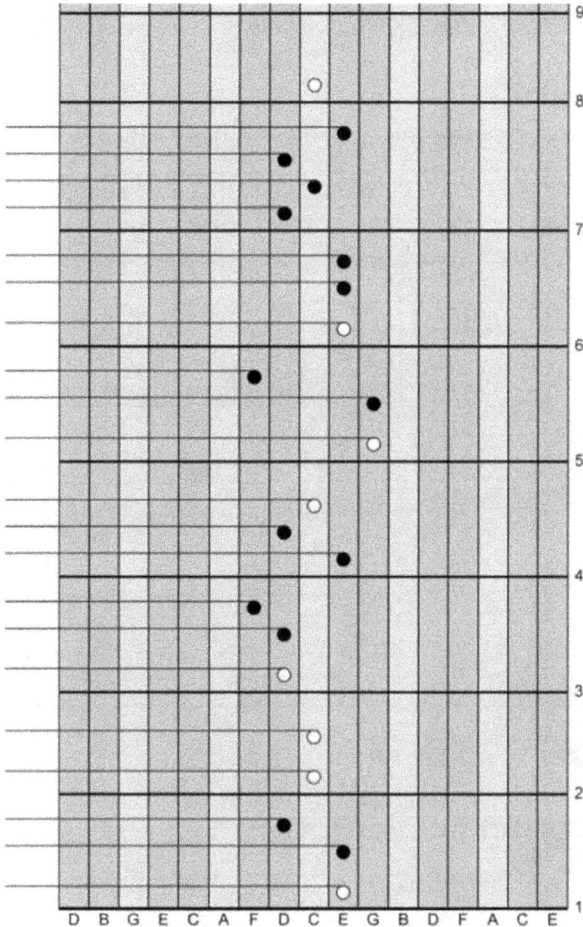

╔════════════════════════════════════════════╗
║ **Audio de ejemplo #12**: Go Tell Aunt Rhody ║
╚════════════════════════════════════════════╝

En la siguiente pieza, algo que quizás notes es que algunas de las negras y blancas tienen puntos después. Cuando agregas un punto a una nota, agregas la mitad del valor del tiempo. Por ejemplo, una blanca con puntillo ocuparía 3 tiempos en lugar de 2.

## El Puente de Londres se va a caer

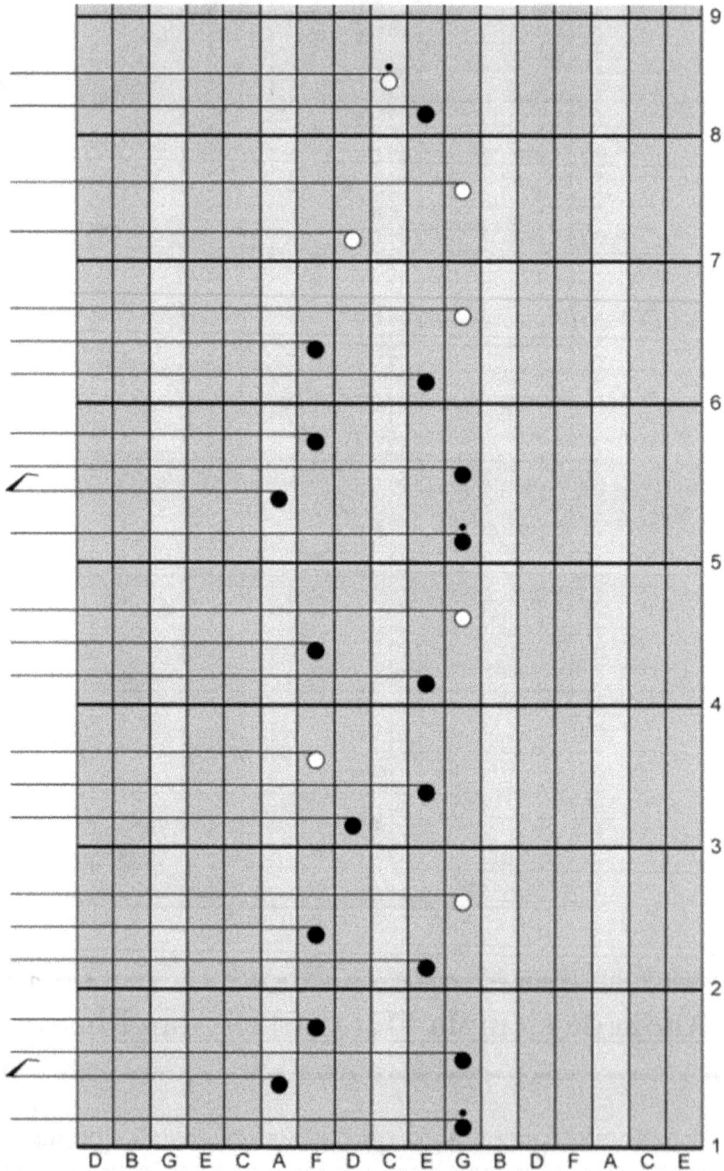

## Experimentar con partituras

Ahora que has practicado con algunas ktabs, ¡es hora de intentar tocar algunas partituras!

Si al principio tienes dificultades para identificar las notas, no temas tomarte tu tiempo. Nuestras ayudas mnemotécnicas musicales te serán muy útiles cuando practiques por primera vez con partituras, ¡así que no olvides el Every Good Boy Deserve Fudge y el FACE!

### Hot Cross Buns

**Audio de ejemplo #14:** Hot Cross Buns

### Estrellita ¿dónde estás?

**Audio de ejemplo #15:** Estrellita ¿dónde estás?

## Himno a la alegría

**Audio de ejemplo #16:** Himno a la alegría (partitura)

## Ejercicios para desarrollar la técnica

Como se expresó antes, los arpegios son ejercicios maravillosos que realmente te ayudarán a desarrollar la técnica en la kalimba. A medida que te acostumbres a la sensación de vaivén del instrumento, entrarás en el flujo de la kalimba.

A medida que empieces a leer música cada vez más compleja, encontrarás que algunas notas van por encima y por debajo del pentagrama. Estos tonos estarán algunas octavas por encima o por debajo del rango medio, lo cual es posible en la kalimba debido a su variedad de lengüetas.

El patrón de notas musicales es: **E (mi) F (fa) G (sol) A (la) B (si) C (do) D (re)**. Este ciclo se repite una vez que llegas al principio o al final, ¡por lo que puedes usarlo para aplicar ingeniería inversa a la lectura de estas nuevas notas!

## Arpegio en do mayor

## Arpegio en la menor

**Audio de ejemplo #17:** Arpegios en do mayor y la menor

Además de los arpegios, puedes seguir practicando las canciones presentadas anteriormente hasta que las domines. Una vez que sientas más seguridad al leer y tocar ktabs y partituras, deberías empezar a explorar una gama más amplia de música. Las canciones que tienen acordes, partes más complejas y ritmos más duros te serán mucho más accesibles ahora. ¡Esto es algo realmente bueno! Te permitirá explorar una gama más amplia de música.

Es probable que acostumbrarte a tocar varias notas a la vez sea la siguiente parte de tu viaje hacia la interpretación de la kalimba. Esto te permitirá no solo reproducir canciones nuevas, sino también canciones más complejas que tienen más profundidad y textura.

Intenta experimentar con este arreglo de la clásica canción navideña "Deck the Halls".

## Deck the Halls

```
Audio de ejemplo #18: Deck the Halls
```

Acostumbrarse a la sensación de tocar varias notas a la vez es absolutamente esencial a medida que te vuelves más competente técnicamente con la kalimba, un instrumento que, en esencia, es tan hermoso debido a su capacidad de tener una gran variedad de sonidos juntos al mismo tiempo.

Si todavía tienes dificultades con el movimiento alrededor de la kalimba, te sugiero que dediques algún tiempo a dominar las escalas de do mayor y la menor. Estas serán realmente útiles, especialmente si alguna vez te encuentras con una pieza musical que requerirá que hagas ejecuciones rápidas de notas musicales.

## Escalas de do mayor y la menor

> **Audio de ejemplo #19:** Escalas de do mayor y la menor

A medida que trabajas para mejorar tu técnica de acordes, considera jugar con las escalas de do mayor y la menor para encontrar algunas notas que concuerden.

Junto con todos estos ejemplos, en Internet se puede encontrar y descargar de forma gratuita música para kalimba. Al final de este libro se adjuntarán recursos que te brindarán más oportunidades para poner a prueba tus habilidades musicales. Las canciones y guías técnicas anteriores son un excelente punto de partida para ti y cualquier intérprete principiante. Sin embargo, es lógico que quieras expandirte y probar nuevas canciones de cada variedad.

¡No te limites! Sigue explorando música dondequiera que puedas encontrarla. Esta es una de las mejores formas posibles de crecer.

# Capítulo 8

# Introducción a la interpretación nivel intermedio de la kalimba

**Temas cubiertos:**

- Articulación

- Dinámicas

- Nuevos ritmos

- Acordes y armonías

A medida que sientas más comodidad al ver y comprender las partituras, podrás aprender algunas técnicas intermedias de kalimba. Estos son términos y elementos musicales que encontrarás en mucha música. Tal vez incluso hayas visto algunos de estos elementos antes, incluso si no supiste identificarlos en ese momento.

En este capítulo, te acostumbrarás más a técnicas musicales avanzadas que realmente te ayudarán a mejorar tu habilidad para tocar.

## Articulación

La forma en que elijas articular una pieza musical afectará el sonido final de lo que estás produciendo. Ejercer una cantidad distinta de presión sobre las lengüetas de la kalimba (más suave o más fuerte), disminuir la cantidad de reverberación o dejar que tu instrumento suene son técnicas de interpretación que tienen que ver con la articulación de la forma de tocar la kalimba. Algunos pasajes musicales dan mejor resultado cuando se tocan con suavidad, confianza, sutileza, etc. A menudo, la música te indicará cómo tocar notas, pasajes o compases específicos. Sin embargo, si no se indica una marca, tendrás cierta libertad creativa como músico para decidir cómo el compositor (¡o tú!) podría querer ver esas partes interpretadas.

Algunas músicas contendrán grupos de notas **ligadas** entre sí, conocido como ligadura de expresión. Esto significa que no hay interrupción entre las notas. En un instrumento de viento de madera o de metal, no se respiraría ni se utilizaría la lengua entre estas notas.

Sin embargo, en la kalimba, dado que no implica respiración, solo puedes hacer lo mejor que puedas para agregar una inflexión más fluida a tu música.

Una forma de hacer esto es dejar que suenen realmente las notas de tu kalimba. Puedes intentar mantener las notas en la kalimba por más tiempo presionando adecuadamente los dedos contra los lados y la parte posterior de la tapa armónica.

Si presionas o pulsas una lengüeta reverberante con el pulgar, evitarás que la nota haga ruido antes de que se apague naturalmente. Esta es una técnica que se puede utilizar para otros tipos de articulaciones, pero no para ligar notas.

Una notación similar a una ligadura de expresión es una **ligadura de unión**. Es una línea curva que aparece encima de un grupo de notas. Sin embargo, esta de unión es diferente a la de expresión ya que las ligaduras de unión solo conectan notas del mismo tono para indicar una extensión de la longitud total de la nota.

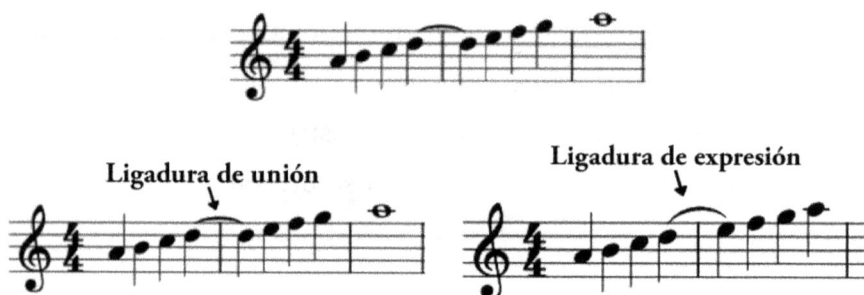

**Ligadura de unión**

**Ligadura de expresión**

Estas podrían usarse en música si el flujo natural del ritmo del compositor se extendiera más allá de la línea de compás y fuera necesario conectarlo con una ligadura de unión.

Además de poner énfasis en la forma en que fluyes entre notas, es posible que la música intermedia también requiera que toques las notas individuales de una manera específica.

Un tenuto es un ejemplo de una marca de articulación más intermedia. Parece una pequeña línea horizontal sobre la nota que vas a tocar.

Una marca de **tenuto** indica que debes tocar las notas suavemente mientras sostienes la nota en toda su longitud.

Debido a la naturaleza de la kalimba, no siempre es posible sostener una nota en toda su duración. Sin embargo, puedes aplicar el estilo tenuto suave a tu música al no realizar ataques fuertes al comienzo de cada nuevo ritmo y al permitir que las reverberaciones de tu música se sostengan por sí solas. Tener un pequeño espacio entre cada nota nueva y la anterior garantizará que estés tocando los pasajes de tenuto correctamente.

Otra articulación con la que te puedes encontrar es el **staccato**. Estas marcas son pequeños puntos encima o debajo de la nota (según la dirección de la plica de la nota). Esta es una marca que te indica que toques cada nota de manera breve y separada.

Entonces, cuando toques staccatos, pondrás más énfasis en el comienzo del ritmo y luego intentarás amortiguar las reverberaciones de las lengüetas con el pulgar.

Hay muchas formas diferentes de tocar staccatos, pero, siempre y cuando no dejes que las notas se fusionen entre sí y creen un sonido distinto y separado con cada una, las tocarás correctamente.

Si bien hay muchas más articulaciones y variaciones de pausas y sostenidos a lo largo de la música, la tercera y última articulación que cubriremos es el **acento**. Este se puede mezclar con otras técnicas musicales para crear un sonido más fuerte y acentuado. Los acentos se pueden identificar mediante el símbolo "mayor que" encima o debajo de una nota específica.

Un acento te dice que resaltes el sonido de una nota específica. En la kalimba, puedes hacer esto agregando más presión a tu lengüeta cuando vayas a tocar esa nota específica. Puede que te lleve algo de tiempo acostumbrarte a la cantidad de presión que necesitarás para crear un acento potente y bueno, ¡así que ten paciencia!

Estos cinco estilos de articulación te permitirán empezar a tocar más y más música. Estos no solo serán elementos importantes para tu calidad de sonido, sino que también te ayudarán a descubrir algunas técnicas sorprendentes en la kalimba que enriquecerán tu forma de tocar. Al agregar más textura a la forma en que tocas, tu música será más divertida de tocar y más atractiva de escuchar.

## Articulaciones

**Ligadura de expresión o de unión = notas conectadas**

**Tenuto = sostener largo, ataque suave (-)**

**Staccato = sostener corto, ataque rápido (·)**

**Acento = atasque enfatizado y fuerte (>)**

## Dinámicas

A medida que empieces a leer música cada vez más compleja, es probable que te encuentres con dinámicas. La dinámica en la música se refiere al volumen y la calidad con la que se debe reproducir una sección específica de música (normalmente hasta la siguiente marca dinámica).

Hay muchos tipos diferentes de dinámicas que influirán en la forma en que tocas una pieza. Pueden indicarte que aumentes o disminuyas el volumen durante un período de tiempo o de repente.

Una de las mejores formas de aprender sobre las dinámicas es a través de su relación entre sí. Realmente lo importante es el contraste entre el sonido que creará momentos fuertes y momentos más suaves de tensión en tu música.

Las marcas dinámicas marcadas con una *p* tenderán a ser más suaves. Esta *p* significa **piano**. Se pueden utilizar para secciones más suaves y líricas, para partes de la música que no son la melodía o para crear algo de contraste.

A la inversa, las marcas dinámicas con *f* serán más fuertes. La *f* significa **forte** o **fuerte**. En la música, verás marcas dinámicas más fuertes cuando se supone que debes tocar y tal vez seas un poco más audaz.

Sin embargo, entre, encima y debajo de las marcas de piano y forte hay una gran cantidad de dinámicas que crearán una lista completa de sonidos.

| | | |
|---|---|---|
| **ppp** | *pianississimo* | muy, muy suave |
| **pp** | *pianissimo* | muy suave |
| **p** | *piano* | suave |
| **mp** | *mezzo piano* | moderadamente suave |
| **mf** | *mezzo forte* | moderadamente alto |
| **f** | *forte* | alto |
| **ff** | *fortissimo* | muy alto |
| **fff** | *fortississimo* | muy, muy alto |

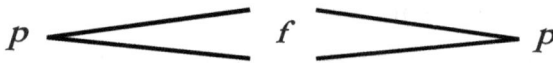

$$p \diagup\!\!\!< f >\!\!\!\diagdown p$$

Hay muchos términos que se utilizan para describir las dinámicas, así que no te dejes abrumar por ellos todavía; los cubriremos con más detalle.

**Mezzo** es una palabra italiana que significa "moderadamente". Esto significa que las marcas mezzo piano (**mp**) y mezzo forte (**mf**), si bien suenan diferentes, deberían ayudarte a cerrar la brecha en el volumen entre "alto" y "suave". Estas dos marcas dinámicas son bastante comunes y, a menudo, se considera que el mezzo forte es el nivel de interpretación "normal" y natural.

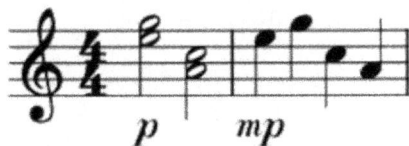

**Audio de ejemplo #20**: Ejemplos de dinámicas

Ten en cuenta que las marcas dinámicas permanecen vigentes hasta que se anote la siguiente marca dinámica en la partitura.

Junto a las letras, también hay símbolos que indican dinámicas. Este es el caso del **crescendo** y el **decrescendo**.

También se puede escribir con letras. Un decrescendo también puede denominarse diminuendo.

Estas dinámicas aparecerán debajo de una nota. Cuando las notes, deberías comenzar a aumentar o disminuir el volumen hasta llegar al final de dicho símbolo. Dependiendo de la duración de tu marcado de dinámica, es posible que tengas que aumentar el volumen increíblemente rápido o suavizarlo lo más rápido posible.

Ten en cuenta que el decrescendo y el crescendo deben ser una construcción gradual hasta llegar al volumen final. En la kalimba, este tipo de dinámica se puede lograr ejerciendo gradualmente más o menos presión sobre las lengüetas. Cuanto más esfuerzo pongas en pulsar las teclas, más fuerte será el sonido. Cuanta menos presión ejerzas, el resultado será un sonido más suave.

## Nuevos ritmos

A medida que empieces a explorar una gama más amplia de música, es probable que empieces a experimentar nuevos ritmos.

| Figura de la nota | Nombre | Figura de silencio vinculado |
|:---:|:---:|:---:|
| | redonda | |
| | blanca | |
| | negra | |

| | | |
|---|---|---|
| | corchea | |
| | semicorchea | |

Lo más importante cuando experimentas con nuevos ritmos es que mantengas una comprensión de los fundamentos de la música.

Según tu tipo de compás, sabrás el número total de tiempos por compás. Con esa información, puedes realizar ingeniería inversa en el proceso de lectura de música subdividiendo al valor rítmico más pequeño posible por compás.

**Las semicorcheas** son un ritmo que puedes descubrir con música más complicada.

Se pueden contar como "1 e + a, 2 e + a, 3 e + a, 4 e + a" y cada sílaba única indica una semicorchea. Cada semicorchea ocupa un cuarto de tiempo.

## Acordes y armonías

Con la configuración de la kalimba, es posible tocar varias notas a la vez. Este es un conjunto de habilidades que realmente se enfatizará cuando toques música específica de kalimba.

La mayoría de los acordes que encuentres en la música de kalimba serán fáciles de tocar. A menudo se pueden pulsar dos lengüetas con el mismo pulgar si están muy cerca una de la otra.

Sin embargo, hay acordes más complicados que requieren que explores todo el rango de tu instrumento al mismo tiempo. Si este es el caso, probablemente necesitarás algo de práctica para poder tocar estos acordes.

Intenta experimentar con algunas situaciones de acordes comunes a continuación. Tener estas ideas musicales en tu memoria muscular te será útil si alguna vez las encuentras en el futuro.

# Capítulo 9
# Cuidado básico y limpieza del instrumento

La kalimba es un instrumento relativamente fácil de cuidar a largo plazo. No es necesario desmontar ni volver a montar nada cuando vuelvas a tocar tu instrumento.

Debido a esto, la kalimba es un instrumento increíble para tocar. ¡Toca y sigue practicando! Esta es una de las únicas formas de mejorar como músico en el futuro.

Al guardar tu kalimba, es una buena idea hacerlo en un lugar alejado del calor, el frío o el sol excesivos. Tampoco es aconsejable mantener tu kalimba afuera o expuesta todo el tiempo, ya que esto no solo podría afectar la madera de su caja armónica, sino que, en general, también podría dañar tu kalimba. Guardar tu kalimba es importante, ya que esto evitará que sufra posibles daños que puedan arruinar la calidad del sonido de tu instrumento. Generalmente, mantener tu instrumento guardado y lo más seguro posible es una idea inteligente. De esta manera, no tendrás que preocuparte por reemplazar tu kalimba en el corto plazo. Esto también garantiza que no tendrás que volver a afinar todas las lengüetas de tu instrumento con tanta frecuencia.

Se recomienda guardar tu kalimba en la caja en la que la compraste o en una bolsa de tela suave. No existen muchos estuches oficiales para kalimba y es probable que la tuya no necesite uno a menos que te la lleves de viaje, así que no te preocupes por tener un estuche muy acolchado o específico para kalimba. Siempre que puedas garantizar cierta protección para tu piano de pulgar, todo estará bien.

Yo guardo mi kalimba en una bolsa suave y aterciopelada y luego dentro de la caja en la que vino. Luego, la guardo en algún lugar donde sé que nadie podrá golpearla o dañarla accidentalmente. Esto puede ser en mi estantería o junto con el resto de mis instrumentos musicales. Mientras sea seguro, ¡no importa dónde esté!

Es posible que notes que, después de tocar tu kalimba durante algunas semanas, empieza a sentirse un poco desafinada. Naturalmente, la kalimba no se quedará perfectamente afinada para siempre. Mientras tocas tu instrumento, las lengüetas se moverán. La kalimba también puede desafinarse un poco mientras está guardada.

Si este es el caso, necesitarás tomarte el tiempo para volver a afinar tu kalimba. Ten esto en cuenta cuando toques tu instrumento, ya que puede cambiar y empezar a sonar peor con el tiempo.

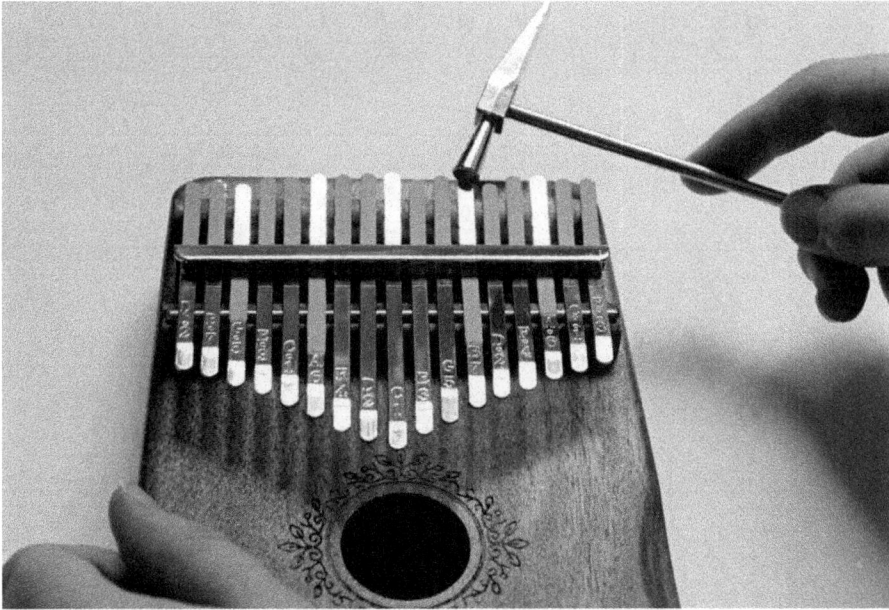

Nuevamente, simplemente afinar tu instrumento solucionará cualquier problema.

Puedes afinar tu kalimba con usando un afinador y golpeando ligeramente la parte inferior y superior de las lengüetas con un martillo afinador hasta alcanzar los tonos esperados.

Para asegurarte de que tu instrumento siempre luzca bien, puedes limpiar suavemente las lengüetas metálicas de la kalimba con un paño de microfibra. Sin embargo, más allá de agregar una apariencia agradable a su instrumento y mantenerlo limpio, esto no es un paso imprescindible.

Siempre que tu instrumento esté en un lugar seguro cuando no esté en uso, tu kalimba estará lista para cuando quieras tocar la próxima vez.

# Capítulo 10
# Resolución de problemas

A medida que empieces a familiarizarte más y más con tu instrumento, es posible que te des cuenta de que has superado la calidad del instrumento.

Algunas kalimbas son realmente baratas y pueden tener lengüetas de baja calidad, por lo que tal vez quieras cambiarlas. O tal vez simplemente estés buscando probar diferentes teclas y experimentar con toda la gama de tu kalimba.

Cualquiera sea el motivo o el problema, probablemente puedas solucionarlo por tu cuenta.

## Teclas de repuesto: cómo instalarlas

Si empiezas a tocar tu kalimba cada vez más y te das cuenta de que no te gusta el sonido de tu instrumento, puedes cambiar las lengüetas. Esto también se puede hacer si dañas las teclas de alguna manera o simplemente buscas un cambio en la calidad del sonido.

Las lengüetas son esenciales para tu experiencia al tocar la kalimba. Si tiene lengüetas de baja calidad, puedes notar que, cuando tocas, tu kalimba produce un sonido metálico y traqueteante que te impide obtener hermosos acordes, florituras y corridas.

Para solucionar este problema, puedes intentar cambiar las lengüetas de tu instrumento. Investiga un poco qué marca de lengüetas te gustaría adquirir y cómpralas en función de su calidad de sonido definitiva.

Para cambiar las lengüetas de tu kalimba, necesitarás un **par de alicates**, un **paño de microfibra**, un **afinador** y un **martillo de afinación**.

Comienza quitando las lengüetas viejas. Esto se puede hacer agarrándolas con los alicates por la parte inferior y luego tirando hasta que salgan. Si esperas guardar tus lengüetas para usarlas más adelante, debes asegurarte de usar un paño de microfibra en el extremo de los alicates para evitar rayones.

Una vez que hayas quitado todas las lengüetas, puedes comenzar a colocar las nuevas. Para ello, inserta con cuidado la nueva lengüeta en el soporte en Z y en el tope posterior de tu kalimba.

Cuando hayas pasado la lengüeta correcta a través de la parte inferior del soporte en Z, puedes alcanzar la parte posterior de la tecla con los alicates y tirar de ella hasta el final con un movimiento curvo en "C".

Tendrás que hacer esto por todas las lengüetas que tenga tu kalimba.

Luego, debes tomarte el tiempo para afinar adecuadamente tu kalimba para asegurarte de que las nuevas teclas suenen correctamente.

Debes tener mucho cuidado al pasar por el proceso de cambiar las lengüetas de tu kalimba, especialmente porque es probable que ejerzas mucha presión sobre tu instrumento. Si eres más joven, se sugiere que uno de tus padres te ayude con este proceso, ya que podría ser potencialmente peligroso.

Incluso si eres un adulto, ten cuidado al quitar o poner las lengüetas en una kalimba, ¡para protegerte a ti y a tu instrumento!

Nuevamente, para realmente tener una buena sensación con tus nuevas lengüetas de kalimba, ¡asegúrate de afinarlas! ¡Ten paciencia y estoy seguro de que obtendrás un gran resultado!

## Afinar a otros tonos

A medida que empieces a avanzar cada vez más con tu instrumento, probablemente querrás tocar una gama más amplia de canciones en tonos más interesantes.

Si bien la mayoría de las personas normalmente solo tocan la kalimba en la tonalidad de do mayor (la tonalidad a la que la tuya probablemente estará afinada), técnicamente puedes afinarla en otras tonalidades principales. ¡Esto te permitirá reproducir una gama más amplia de música!

Si tienes un afinador, puedes usar tu martillo de afinación para ajustar el tono de tu kalimba. Técnicamente, te limitará la longitud de las lengüetas de tu kalimba (porque si las mueves demasiado hacia abajo, es posible que no vibren correctamente), pero definitivamente es posible tocar en un tono diferente.

Aquí hay un ejemplo de una tonalidad diferente en la música:

Las teclas individuales contendrán una variedad de sostenidos y bemoles en diferentes notas. Esto significa que afinarás las notas con símbolos de sostenidos o bemoles al sostenido o bemol adecuado.

Lo anterior es un ejemplo de una escala y tonalidad realmente comunes: si bemol mayor. Si tuvieras que aprender otro instrumento (como la flauta), esta sería una escala que usarías con bastante regularidad. Esto también se puede usar en la kalimba y es una excelente manera de jugar con escalas musicales occidentales.

Las escalas son una forma fantástica de crecer en la kalimba, especialmente porque los rápidos movimientos hacia adelante y hacia atrás entre los pulgares aumentan la coordinación.

Si alguna vez te interesas en reproducir música en un tono nuevo, tendrás que asegurarte de afinar tu instrumento correctamente. Y cuando hayas terminado, ¡no olvides volver a afinar tus lengüetas!

Si descubres que tienes algún otro problema con tu kalimba, puedes tomarte un tiempo para investigar más en Internet. Hay muchos foros y grupos de kalimba en línea dispuestos a hablar contigo y ayudarte a mejorar como intérprete. Compartir allí tu música o pedir consejos sobre cómo crecer puede ser realmente beneficioso.

# Capítulo 11
# Conclusión

Ahora que tienes más experiencia con la kalimba, puedes comenzar a explorar una gama más amplia de técnicas que realmente desafiarán tus habilidades musicales.

Existe todo un mundo de música, y tener un buen conocimiento de lo esencial ahora te permitirá en el futuro tener éxito con música mucho más difícil de tocar.

En este punto, probablemente ya puedas leer y tocar música para principiantes con más comodidad y recién estés comenzando a sumergirte en el mundo de las canciones intermedias que tienen acordes, ideas y melodías más complejas.

¡Sigue aprovechando los recursos disponibles mientras continúas aprendiendo y creciendo!

## Recursos de afinadores

En este punto, es probable que tengas y hayas utilizado un afinador. Si no te gusta el que tienes, considera probar otras opciones, ya que el afinador es una herramienta importante que debe tener cualquier músico. ¡Acostúmbrate a afinar tu kalimba cada vez que te sientes a tocar! Esto es útil para tus habilidades musicales y tendrá un impacto positivo en tu forma de tocar el instrumento.

Si estás buscando un mejor afinador, probablemente puedas encontrar uno a la venta en cualquier tienda de música. También están disponibles en tiendes en línea o incluso puedes tener uno en tu teléfono.

Si ya tienes un afinador, pero no tienes un metrónomo, considera adquirir otro artículo que te permita tener acceso a un metrónomo para que puedas mantener adecuadamente el ritmo de tu música.

No sientas la necesidad de esforzarte por conseguir un afinador o un metrónomo caro. Hay muchas aplicaciones de afinador que puedes encontrar e investigar. ¡Pruébalas en tu tienda de aplicaciones!

## Apps de afinadores:

- TE Tuner & Metronome

- insTuner

- Chromatic Tuner

## Libros de música

Ahora que tienes todos los elementos esenciales para tocar la kalimba, conseguir un libro de música será una manera fantástica de descubrir una gran cantidad de canciones nuevas.

Hay muchos libros que cubren una amplia gama de música; con tus fundamentos bajo control, ahora puedes comenzar a explorar otras ideas musicales.

Esto puede ser útil, especialmente porque generalmente no hay profesores privados de kalimba que te enseñen a mejorar cada vez más. Un acercamiento guiado a la música es muy valioso, especialmente si nunca antes has aprendido a tocar un instrumento.

Intenta buscar **cancioneros populares de kalimba** en Internet. Si puedes, compra los libros que más te interesen. Sería positivo que te tomaras el tiempo para apoyar a los pequeños músicos y a los talentosos compositores de kalimba.

Si no deseas gastar dinero, definitivamente puedes encontrar partituras o ktabs gratuitas en Internet para descargar. La única diferencia es que puede que no sea un enfoque equilibrado y requeriría más tiempo e investigación de tu parte.

Seguir tocando música es valioso, ¡así que sigue esforzándote! Esta es la mejor manera de mejorar.

## Sitios web y recursos de Internet

Si comienzas a buscar un poco, encontrarás una increíble comunidad especializada en la kalimba en Internet que está dispuesta a compartir música e investigaciones contigo. Hay muchas técnicas beneficiosas que puedes aprender de otras personas, así que no temas empezar a buscar.

A continuación se muestran algunos sitios populares de intercambio sobre kalimba o música:

- https://mbira.org/

- https://www.kalimbamagic.com/

- https://kalimbahq.com/

- https://musescore.com/

Ahora que tienes una gama más amplia de recursos a tu disposición, sigue tocando y practicando. ¡Sal al mundo y haz música hermosa! No tengas miedo de aprender de los demás y abrazar las posibilidades musicales que surgirán a medida que avances en tu técnica.

Este es el comienzo de tu viaje con la kalimba, un instrumento que te desafiará, pero que también te permitirá crecer.

Ahora que tienes la kalimba en tus manos, entrarás en una comunidad de personas a las que les encanta compartir su positividad y alegría maravillosas con el resto. Asegúrate tú también de compartir los increíbles sonidos de tu música con el mundo.

¡Disfruta de tu tiempo con la kalimba y no mires atrás!

# Impulsa tu potencial musical:
# Obtén n 30 % de descuento en el
# siguiente paso de tu viaje instrumental

Como muestra de agradecimiento por tu dedicación, nos complace ofrecerte un **descuento exclusivo del 30 %** en tu próximo producto cuando te registres a continuación con tu dirección de correo electrónico.

Haz clic en el siguiente link:
https://bit.ly/40NikR2
**O**
Usa el código QR:

Liberar tu potencial musical es más fácil con orientación y apoyo continuos. Únete a nuestra comunidad de músicos apasionados para mejorar tus habilidades y mantenerte al día con los últimos consejos y trucos.

Al suscribirte, también recibirás nuestro boletín periódico con información y recursos adicionales para mejorar tu viaje musical.

Tu privacidad es importante para nosotros. No te enviaremos spam y puedes cancelar tu suscripción en cualquier momento.

No pierdas esta oportunidad de continuar tu viaje musical con este descuento especial. ¡Regístrate ahora y embarquémonos juntos en esta aventura musical!

9 798893 320046